Les secrets des *sauces*

révélés par Jérôme Ferrer

Plus de 300 recettes de sauces

Les Éditions

CATALOGAGE AVANT PUBLICATION DE
BIBLIOTHÈQUE ET ARCHIVES NATIONALES DU
QUÉBEC ET BIBLIOTHÈQUE ET ARCHIVES CANADA

Ferrer, Jérôme
  Les secrets des sauces révélés par Jérôme Ferrer
  Comprend un index.
  ISBN 978-2-923194-71-4
  1. Sauces. I. Titre.

TX819.A1F47 2008   641.8'14   C2008-940780-6

Éditrice déléguée
Martine Pelletier

Auteur
Jérôme Ferrer

Conception graphique
Ose Design

Infographie
Francine Bélanger

Photo couverture
Jonathan Robert

Les Éditions
LA PRESSE

Président
André Provencher

7, rue Saint-Jacques
Montréal (Québec) H2Y 1K9
514 285-4428

© Les Éditions La Presse
TOUS DROITS RÉSERVÉS
Dépôt légal – Bibliothèque et Archives
nationales du Québec 2008
2e trimestre 2008
ISBN 978-2-923194-71-4
Imprimé et relié au Québec

*L'éditeur remercie le gouvernement du
Québec pour l'aide financière accordée à
l'édition de cet ouvrage par l'entremise du
Programme de crédit d'impôt pour l'édition
de livres, administré par la SODEC.*

*L'éditeur bénéficie du soutien de la Société
de développement des entreprises cultu-
relles (SODEC) pour son programme
d'édition et pour ses activités de promotion.*

*L'éditeur reconnaît l'aide financière du
gouvernement du Canada, par l'entremise
du Programme d'aide au développement
de l'industrie de l'édition (PADIÉ), pour
ses activités d'édition.*

Remerciements

Je souhaite remercier de tout cœur

Martin Rochette et Martine Pelletier

pour m'avoir permis de réaliser

cet ouvrage avec le soutien

des Éditions La Presse, ainsi que

mes amis et ma conjointe,

qui m'encouragent toujours

à concrétiser mes idées gourmandes.

Et bien sûr merci à toute ma belle et

grande équipe de gens passionnés

qui travaillent à mes côtés,

sans oublier vous, lecteurs et clients,

qui font battre mon cœur

à chacune de vos visites.

Table des matières

7	Introduction
9	Avant-propos
11	Icônes et légendes
13	L'accord mets et sauces
85	Les classiques
103	Les sauces de dernière minute
137	Index alphabétique des sauces
143	Lexique culinaire

Introduction

Nous avons tous les mêmes soucis au moment de recevoir la famille et les amis : que faire ? et quoi servir ?

Si l'objectif principal doit être d'avoir du plaisir et d'en offrir, il faut que ça demeure convivial.

Le secret de la cuisine se définit en peu de choses : un bon produit, une bonne cuisson et un bon assaisonnement.

Dans cet ouvrage, vous prendrez conscience que la magie du succès d'un plat tient à un fil conducteur : celui de la sauce, qui joint la matière première à la garniture.

On ne soupçonne pas toutes les possibilités de création de sauces de dernière minute pouvant être réalisées avec les produits restants dans nos frigos.

Les secrets des sauces vous aidera à choisir une belle sauce en accord avec le produit que vous avez choisi et que vous avez envie de cuisiner.

N'oubliez pas de temps à autre de faire un petit détour par le marché car de nombreux artisans bouchers offrent de magnifiques fonds de viandes prêts à l'emploi et pouvant être conservés pendant un moment. Ils seront de parfaits alliés dans vos préparations.

Je vous souhaite de continuer à prendre toujours plus de plaisir à cuisiner et bien sûr à partager ce secret !

Gastronomiquement vôtre,

Jérôme Ferrer

Avant-propos

Telle une eau de parfum, les sauces embaument les pièces des maisons, elles créent la magie par l'alchimie des saveurs autour d'un plat qu'elles équilibrent et rehaussent.

Voici un ouvrage culinaire non conventionnel qui a pour but de vous laisser cuisiner vos produits préférés tout en vous proposant, pour chaque produit principal de votre recette, une sauce savoureuse qui ne passera pas inaperçue et mettra votre plat en valeur!

AUTREMENT DIT,
VOUS NOUS DITES CE QUE
VOUS VOULEZ MANGER,
ON VOUS EXPLIQUE
COMMENT LE SERVIR!

**LE PRÉSENT LIVRE
SE DIVISE EN TROIS GRANDES
SECTIONS QUI FERONT QUE
LES SAUCES N'AURONT PLUS
DE SECRETS POUR VOUS.**

L'accord mets et sauces

C'est vous le chef! Vous cuisinez un poisson, une viande, un coquillage… Parfait! Nous vous suggérons la meilleure des sauces pour l'accompagner. Vous n'avez qu'à repérer votre produit principal répertorié en ordre alphabétique dans cette section.

Les classiques

Un bref rappel de quelques sauces intemporelles et passe-partout telles que la béchamel, la hollandaise, la béarnaise. Les classiques sont classées en quatre catégories : les prêtes-à-servir, les émulsionnées, les fonds, les liaisons.

Les sauces de dernière minute

Dans votre frigo, vous trouvez de l'ail, du persil, de la confiture, de l'huile de noix? Peu importe… Nous vous montrons comment réaliser une sauce extraordinaire de dernière minute. Un recyclage alimentaire malin pour des résultats surprenants!

Icônes et légendes

Les recettes proposées sont pour 4 à 6 personnes.

L'horloge

 Indique le temps de préparation.

Les toques

Indiquent le degré de facilité de préparation.

 Simple
à exécuter

 Facile,
mais à
surveiller

 Demande
de l'attention

Astuces du chef!

 Des suggestions de garnitures.

* Des conseils et astuces du chef.

Préparation

 Cuisson   Sans cuisson

Les mesures

Trois unités de mesure seulement sont utilisées dans
les recettes pour faciliter votre tâche.

- La tasse • La cuillère (à thé ou à soupe) • La pincée

L'accord mets et sauces

C'est vous le chef!

    Vous cuisincz poissons, viandcs ou autres…

Parfait, nous vous suggérons

    la meilleure des sauces pour chacun.

A

ACHIGAN

Sauce blanche citron et herbe fraîche

10 min

2/3 t. de crème à cuisson 15 %
Jus de 1 citron
1 c. à thé de moutarde forte
Sel et poivre

2 c. à soupe d'herbe fraîche
au choix (persil ou aneth),
hachée

PRÉPARATION : Dans une casserole, faire chauffer la crème à feu doux. Laisser réduire 5 minutes. Dès ébullition, incorporer le jus du citron, l'herbe au choix et la moutarde. Remuer et assaisonner.

Servir sur un lit d'asperges simplement pochées accompagnées de quartiers de citron.

* L'achigan pané d'une simple chapelure de pain sera très savoureux.

AGNEAU (CARRÉ)

Jus de thym à l'ail confit

15 min

6 gousses d'ail
1/4 t. d'huile d'olive (divisée)
1 échalote ciselée
3 branches de thym frais

1/3 t. de fond d'agneau
1 c. à soupe de sauce soya
1 noix de beurre
Sel et poivre

PRÉPARATION : Faire confire au four ou dans une casserole l'ail écrasé avec l'huile d'olive. Dans une autre casserole, faire revenir l'échalote et le thym rapidement dans un filet d'huile d'olive. Ajouter le fond d'agneau, la sauce soya et l'ail. À l'aide d'un fouet, monter au beurre. Assaisonner.

Accompagner de champignons farcis.

AGNEAU (CÔTELETTES)

Marinade à l'estragon

10 min

1/4 t. de vin blanc
3 branches d'estragon frais
3 c. à soupe de miel
3 c. à soupe d'huile

3 c. à soupe de vinaigre
de vin rouge
1 gousse d'ail écrasée
Sel et poivre

PRÉPARATION : Verser tous les ingrédients dans un bol et mélanger. Conserver au frais au minimum 1 heure avant d'utiliser pour mariner la viande.

Servir avec un assortiment de légumes grillés au BBQ.

AGNEAU (COURONNE)

Jus de cuisson au persil et tomates rôties

3 gousses d'ail écrasées
2 tomates fraîches
3 branches de persil
1 branche de thym
1 couronne d'agneau de 12 côtes

Filet d'huile d'olive
1 t. de bouillon de légumes
Sel et poivre
1/4 t. de beurre

1 h

PRÉPARATION : Préparer une pommade avec l'ail, les tomates, le persil et le thym. Badigeonner toute la surface de la pièce de viande avec la pommade. Placer la couronne sur une plaque à cuisson. Arroser d'huile d'olive. Verser le bouillon de légumes. Assaisonner. Cuire au four à 200 °C / 400 °F environ 1 heure. Filtrer le jus de cuisson et le monter au beurre 1 heure avant de servir.

Servir avec des tomates rôties et du fenouil confit.

AGNEAU (CUBES POUR BROCHETTES)

Marinade à l'écorce d'orange et cumin

1/4 d'oignon haché
Écorce de 1 orange
Filet d'huile d'olive
1 c. à thé de cumin
1/3 t. de vin blanc

2 c. à soupe de vinaigre
    de cidre
1 c. à soupe de miel
Sel et poivre

15 min

PRÉPARATION : Dans une casserole, faire revenir l'oignon et l'écorce d'orange dans l'huile d'olive. Dès coloration, ajouter le cumin et mouiller avec le vinaigre de cidre et le vin blanc. Ajouter le miel et assaisonner dès apparition des premières bulles d'ébullition. Retirer du feu. Conserver au frais jusqu'à utilisation.

Une semoule à couscous parfumée à la coriandre sera délicieuse avec cette préparation.

AGNEAU (CUBES POUR RAGOÛT)

Ragoût d'agneau au curry

1 échalote ciselée
1 noix de beurre
Agneau en cubes
1 t. de tomates concassées
    en conserve

1 tomate fraîche en dés
1 c. à thé de curry
Sel et poivre
1 t. de fond d'agneau
1 gousse d'ail écrasée

20 min

PRÉPARATION : Dans un sautoir, cuire l'échalote dans le beurre. Faire revenir des morceaux d'agneau avec les tomates en conserve et l'ail. Ajouter la tomate fraîche et le curry. Assaisonner. Allonger la sauce avec de l'eau ou le fond d'agneau.

Le meilleur accompagnement? Un riz basmati, assurément!

AGNEAU (ÉPAULE)

Épaule d'agneau à la sauge

1 épaule d'agneau	15 feuilles de sauge fraîche
Filet d'huile d'olive	Sel et poivre
1 t. de vin blanc	

3 h

PRÉPARATION : Malgré le temps de cuisson très long, une grande simplicité réside dans cette recette. Faire dégraisser et désosser l'épaule d'agneau par le boucher. Faire revenir dans un sautoir avec l'huile d'olive jusqu'à coloration. Placer l'agneau dans une rôtissoire. Arroser avec le vin blanc. Ajouter la sauge, le sel et le poivre. Laisser confire au four doucement à découvert environ 3 h à 150 °C / 300 °F.

Servir avec des haricots blancs simplement pochés ou confits dans une graisse.

AGNEAU (GIGOT)

Gigot d'agneau aux herbes du jardin

30 min

1 gigot d'agneau	1 c. à soupe de persil haché
1 t. de vin blanc	1 c. à soupe de thym haché
3 gousses d'ail écrasées	1 c. à soupe de romarin
1 échalote ciselée	1 c. à soupe de sauge hachée
2 c. à soupe de beurre	Sel et poivre

PRÉPARATION : Faire des entailles de 2,5 cm (1 po) environ dans un gigot d'agneau. Mixer tous les ingrédients et en recouvrir le morceau de viande. Verser un filet d'huile d'olive et faire cuire au four environ 30 minutes à 250 °C / 480 °F. Retirer le jus de cuisson et arroser au moment de servir.

Des pommes de terre sautées avec quelques asperges vertes feront bon ménage avec le gigot.

AGNEAU (JARRET)

Romarin et porto

20 min

1 jarret d'agneau
3 branches de romarin
2 gousses d'ail écrasées
1 t. de vin blanc
1 échalote ciselée

Filet d'huile d'olive
Sel et poivre
1/4 t. de porto
1/2 t. de fond d'agneau
1 c. à soupe de beurre

PRÉPARATION : Placer le jarret d'agneau sur une plaque à
cuisson. Piquer la viande avec les branches de romarin et l'ail.
Ajouter le vin blanc et l'échalote. Arroser avec un filet d'huile
d'olive. Assaisonner. Cuire au four 20 minutes à 250 °C / 480 °F.
Conserver le jus de cuisson. Dans une casserole, faire bouillir le
porto. Ajouter le fond d'agneau. Terminer de lier la sauce avec
le jus de cuisson et le beurre.

*Une poêlée d'haricots verts ou du chou de Savoie braisé
s'harmoniseront à souhait avec ce menu.*

AIGLEFIN

Sauce à l'estragon

10 min

2 œufs
Jus de 1 citron
1 t. de crème fraîche 15 %
4 c. à thé de moutarde forte
3 c. à soupe de vinaigre à
l'estragon

2 bouquets d'estragon frais
haché
1 c. à soupe d'huile d'olive
Sel et poivre du moulin

PRÉPARATION : Mélanger les œufs avec le jus de citron, la crème,
la moutarde forte et le vinaigre à l'estragon. Ajouter l'estragon.
Verser l'huile d'olive. Assaisonner. Faire cuire à feu doux tout en
remuant. Retirer du feu dès ébullition.

*Un simple gratin de courgettes parfumé à l'estragon
serait exquis avec l'aiglefin et la sauce; du riz basmati
également.*

AMANDES DE MER

Crémeux au lait d'amandes

15 min

1 gousse d'ail écrasée
1 noix de beurre
Sel et poivre
1 c. à thé de poudre d'amandes

1/3 t. de crème à cuisson 15 %
Arôme d'amandes amères
(facultatif)

PRÉPARATION : Dans une casserole, faire revenir l'ail dans le beurre. Ajouter la poudre d'amandes. Assaisonner. Laisser revenir un bref instant puis verser la crème. Amener à ébullition. Assaisonner. Ajouter l'arôme d'amandes amères. Filtrer et réserver.

Servir avec des nouilles asiatiques simplement revenues avec cette crème.

* *Faire revenir les amandes comme pour les moules au vin blanc. Mélanger tous les ingrédients et faire bouillir à couvert.*

ANCHOIS

Anchoïade à l'œuf dur

10 min

1 œuf dur en morceaux	1 pincée de piment en poudre
5 filets d'anchois à l'huile	2/3 t. de huile d'olive
1/2 c. à soupe de câpres	1 c. à thé de vinaigre blanc
3 c. à thé d'estragon ou	de xérès
de basilic	Sel et poivre

PRÉPARATION : Mettre l'œuf dur, les anchois, les câpres, l'estragon ou le basilic et le piment en poudre dans un bol à mixer. Mettre en marche et monter avec l'huile d'olive et terminer avec le vinaigre. Saler et poivrer.

Cette sauce froide sera parfaite servie dans un bol accompagnée de quelques rondelles de tomates fraîches et de bâtonnets de céleri comme pour une trempette.

* *Saisis dans une poêle avec du sel et sans matière grasse, les anchois seront encore plus juteux.*

ARAIGNÉE DE MER

Vinaigrette tiède au xérès et ciboulette

10 min

1/3 t. d'huile d'olive	1 c. à thé de ciboulette ciselée
3 c. à soupe de vinaigre	Sel et poivre
de xérès	

PRÉPARATION : Mettre tous les ingrédients dans une casserole et fouetter. Laisser tiédir la vinaigrette à feu doux, lier avec quelques gouttes d'eau. Pocher les araignées de mer 5 à 6 minutes et les servir avec cette vinaigrette tiède.

Servir un crab cake avec l'araignée de mer est un succès assuré.

* *L'araignée de mer rehausse la soupe de poisson.*

AUTRUCHE (BIFTECK)

Pommes et calvados

Biftecks d'autruche	3 pommes pelées, en quartiers
1 c. à soupe de beurre	1/3 t. de crème à cuisson 15 %
Sel et poivre	Soupçon de fond de viande
1/4 t. de calvados	(facultatif)

PRÉPARATION : Faire saisir les biftecks d'autruche dans une poêle avec du beurre jusqu'à la cuisson souhaitée. Saler et poivrer. Conserver les sucs de cuisson et déglacer avec le calvados. Faire cuire les quartiers de pommes. Ajouter la crème à cuisson dès que les pommes sont cuites. Verser au besoin un soupçon de fond de viande pour brunir la sauce.

20 min

Servir simplement avec les pommes.

AUTRUCHE (RÔTI)

Sauce bordelaise

INGRÉDIENTS : Voir la recette Sauce bordelaise à la page 88.

PRÉPARATION : Voir la recette Sauce bordelaise à la page 88.

20 min

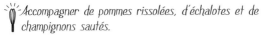*Accompagner de pommes rissolées, d'échalotes et de champignons sautés.*

AUTRUCHE (TOURNEDOS)

Crème de champignons et poivre du moulin

6 champignons blancs émincés	1 c. à soupe de beurre
1 échalote ciselée	Sel et poivre du moulin
1 c. à thé de persil haché	1/4 t. de crème à cuisson 15 %
1 gousse d'ail écrasée	3 c. à soupe de jus de viande

15 min

PRÉPARATION : Faire revenir dans une poêle les champignons avec l'échalote, le persil et l'ail dans le beurre. Saler et poivrer. Incorporer la crème et le jus de viande.

*Accompagner les tournedos et la sauce d'un gratin dauphinois.*

BAR RAYÉ

Coulis de tomates au romarin

15 min

1 c. à thé d'ail haché
1 c. à soupe d'huile d'olive
2 branches de romarin en petites brisures
2 c. à soupe d'eau

4 tomates en dés ou 1 t. de tomates en conserve pelées
1 c. à soupe de pâte de tomates
Sel et poivre
4 gouttes de sauce Tabasco

PRÉPARATION : Faire revenir l'ail haché dans l'huile d'olive. Ajouter le romarin. Faire revenir quelques instants. Déglacer avec l'eau. Ajouter les tomates puis la pâte de tomates. Saler et poivrer. Ajouter la sauce Tabasco. Laisser cuire cette préparation à feu doux 10 à 15 minutes pour infuser le romarin.

Accompagner ce plat de quelques rondelles de pommes de terre cuites au four comme un gratin avec des tiges de romarin; très aromatique.

* *Le bar rayé saisi sur peau ou cuit au four nécessite peu de temps de cuisson.*

BAR SAUVAGE

Crème de fenouil et badiane

15 min

1 bulbe de fenouil lavé et tranché
3 fleurs d'anis étoilé
1/4 t. d'eau
1 c. à thé de beurre

Sel et poivre
1 c. à soupe d'aneth ou de verdure du fenouil
1 t. de crème à cuisson 15 %

PRÉPARATION : Faire cuire le bulbe de fenouil à cuisson complète dans une casserole d'eau bouillante. Faire infuser l'anis étoilé dans une casserole avec l'eau. Laisser réduire. Mixer le bulbe de fenouil une fois bien cuit en y ajoutant le beurre, le sel, le poivre ainsi que l'aneth. Ajouter l'eau infusée à l'anis. Remuer. Ajouter la crème et laisser cuire 10 minutes. Rectifier l'assaisonnement et retirer l'anis étoilé au moment de servir la sauce.

Un fenouil poché ou juste poêlé en lamelles sera le parfait accord avec le bar et la crème de fenouil et badiane.

* *Pour épater vos convives, piquer le filet de poisson avec quelques bâtonnets de fenouil avant de le faire cuire. Encore plus de saveurs !*

BARBU D'ÉLEVAGE

Crème à la cacahouète

1 c. à soupe de cacahouètes
brisées
Filet d'huile d'arachide ou autre
1/2 t. de lait de noix de coco
3 c. à soupe de beurre
d'arachide

1/4 t. de crème à cuisson
15 % ou 35 %
1/2 t. de fumet de poisson
1 pincée de piment en poudre
Sel et poivre

15 min

PRÉPARATION : Faire revenir les brisures de cacahouètes dans une casserole avec l'huile. Verser le lait de coco dans la casserole et y ajouter le beurre d'arachide. Laisser fondre et verser la crème en remuant à l'aide d'une spatule. Ajouter le fumet de poisson quand la préparation sera à ébullition. Assaisonner d'une pincée de piment, puis de sel et de poivre une fois la sauce légèrement réduite.

Cette sauce se mariera à merveille, ainsi que ce poisson, avec quelques crevettes, du tofu et du soya.

* Attention! Assurez-vous que vos convives n'ont pas d'allergie aux cacahouètes.

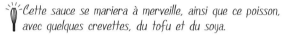

BÉCASSE

Crème de foie gras à l'armagnac

1 tranche de foie gras
pour poêler
2 c. à soupe d'armagnac

1/4 t. de crème à cuisson 15 %
Sel et poivre

20 min

PRÉPARATION : Faire chauffer la poêle à feu vif sans aucune matière grasse. Une fois très chaude, y déposer la tranche de foie gras. Faire cuire 2 minutes de chaque côté. Retirer du feu et conserver la graisse du foie gras. Déglacer les sucs de la poêle avec l'armagnac et verser immédiatement la graisse du foie qui aura été passée au préalable. Ajouter la crème et laisser cuire à feu doux 10 à 15 minutes. Assaisonner.

 Pour un vrai régal, servir avec des pruneaux pochés.

BIGORNEAUX

Bouillon de lard et thym

3 tranches de bacon
2 branches de thym frais
Sel et poivre

1 t. de bouillon de légumes
(voir recette page 96)
Bigorneaux

15 min

PRÉPARATION : Couper le bacon en petits lardons. Faire revenir dans une casserole avec le thym en branches entières.

Dès coloration, verser le bouillon de légumes. Assaisonner. Faire cuire les bigorneaux dans le bouillon environ 20 minutes.

Ce plat sera délicieux servi avec une salade de tomates bien mûres coupées en rondelles et arrosées d'une bonne huile d'olive.

BISON (FILET)

Jus de viande au cheddar vieilli

1 échalote hachée
Filet d'huile d'olive
1 c. à soupe de cheddar vieilli (minimum 5 ans) en morceaux

1 t. de fond de gibier
1 branche de thym frais
Sel et poivre

15 min

PRÉPARATION : Dans une casserole, faire revenir l'échalote dans l'huile d'olive. Ajouter le cheddar en morceaux et remuer pour faire fondre le fromage à petit feu. Ajouter le fond de gibier ainsi que le thym. Passer la sauce avant de la servir et assaisonner.

Servir avec un gratin de pommes de terre au cheddar.

BŒUF (BAVETTE)

À l'échalote et vin rouge

Bavette de bœuf
2 c. à soupe de beurre (divisé)
8 échalotes hachées

1 c. à soupe de sauce soya
1/2 t. de vin rouge
Sel et poivre

15 min

PRÉPARATION : Faire poêler la bavette avec une noix de beurre. Conserver les sucs dans la poêle pour faire cuire les échalotes avec le reste du beurre. Dès caramélisation, ajouter la sauce soya et le vin rouge. Laisser réduire et mijoter 5 à 10 minutes. Assaisonner.

Une salade mesclun et une poêlée de champignons sont un vrai bonheur avec cette bavette.

BŒUF (BIFTECK)

Beurre persillade et épices

3/4 t. de beurre ramolli
1 échalote finement hachée
1 c. à soupe de ciboulette ciselée
2 c. à soupe de sauce tamari
1 pincée de paprika

1 c. à soupe de persil haché
2 gousses d'ail écrasées
Quelques gouttes de jus de citron
Sel et poivre

15 min

PRÉPARATION : Déposer tous les ingrédients dans un bol à mélanger. À l'aide d'un papier ciré, confectionner des petits boudins de 2 à 3 po (8 cm) de diamètre avec la préparation et les placer au congélateur.

 Servir avec des frites et une salade verte.

* Ce beurre se conserve très bien 3 à 4 mois !

BŒUF (CONTRE-FILET)

Sauce aux baies roses

3/4 t. de bouillon de bœuf
    ou de fond de veau
2 c. à soupe de baies roses

1 c. à soupe de beurre
Sel et poivre

20 min

PRÉPARATION : Dans une casserole, faire réduire le bouillon ou le fond de bœuf à petit feu. Ajouter les baies roses et laisser infuser 10 à 15 minutes. Terminer en montant la sauce au beurre à l'aide d'un fouet. Assaisonner.

 Une bouquetière de légumes composée de jeunes carottes et de brocoli sera parfaite avec ce plat.

BŒUF (CÔTES)

Sauce béarnaise

INGRÉDIENTS : Voir la recette Sauce béarnaise à la page 93.

PRÉPARATION : Voir la recette Sauce béarnaise à la page 93.

 Demander au boucher une pièce de viande suffisamment vieillie. La dégustation de cette pièce de viande soigneusement grillée est un vrai délice. Avec la sauce béarnaise, c'est un feu d'artifices pour les papilles !

25 min

BŒUF (FAUX-FILET)

Crème de roquefort

1 échalote hachée
1 noix de beurre
1 c. à soupe de roquefort

1/2 t. de crème à cuisson 15 %
Sel et poivre

15 min

PRÉPARATION : Dans une casserole, faire revenir l'échalote dans le beurre. Dès coloration, ajouter le roquefort et la crème. Laisser mijoter doucement. Saler et poivrer.

Accompagner d'une salade d'endives et de noix de Grenoble.

* Essayer cette sauce avec un bleu bénédictin si vous n'avez pas de roquefort.

BŒUF (FILET)

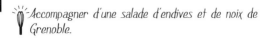

Jus de viande réduit et porto

1 échalote pelée
1 c. à soupe de beurre
1/4 t. de porto

3/4 t. de fond de veau lié ou
   de bouillon de bœuf
Sel et poivre

15 min

PRÉPARATION : Dans une casserole, faire bouillir l'échalote dans l'eau. Une fois cuite, l'écraser à la fourchette et la remettre à cuire dans le beurre. Ajouter le porto et laisser réduire du tiers avec le mélange d'échalote. Ajouter le fond de veau lié ou le bouillon de bœuf. Saler et poivrer. Laisser mijoter 15 minutes. Mixer la sauce avant de servir.

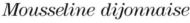 *Servi sur des pommes rôties, c'est un vrai délice! Avec une tranche de foie gras sur le dessus, c'est la fête!*

BŒUF (HACHÉ)

Mousseline dijonnaise

3 jaunes d'œufs
2 c. à soupe de moutarde
   forte (divisée)
2 t. de huile à salade
1 c. à soupe de persil haché
1 c. à soupe d'échalote hachée

1 c. à thé de vinaigre blanc
Quelques gouttes de jus
   de citron
1 c. à thé de moutarde
   à l'ancienne
Sel et poivre

15 min

PRÉPARATION : À l'aide d'un fouet ou d'un batteur électrique, confectionner une mayonnaise avec les jaunes d'œufs et 1 c. à soupe de moutarde forte. La monter à l'huile. Avant qu'elle ne soit trop ferme, ajouter le persil, l'échalote, le vinaigre et le jus de citron ainsi que le restant de la moutarde forte et la moutarde à l'ancienne. Assaisonner.

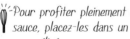 *Pour profiter pleinement de la viande et de cette sauce, placez-les dans un pain burger garni d'oignons caramélisés.*

BŒUF (JARRET)

Aux carottes et petits oignons

1 jarret de bœuf
2 grosses carottes en morceaux
1 oignon haché
1 tomate fraîche en dés
1 c. à soupe de pâte de
   tomates

1 t. de vin rouge
Sel et poivre
1 branche de thym frais
1 gousse d'ail écrasée
2 t. de jus de viande
2 t. d'eau

2 h 30 min

PRÉPARATION : Dans un grand sautoir, faire revenir le jarret avec les carottes et l'oignon. Ajouter la tomate et la pâte de tomates. Mouiller avec le vin rouge. Saler et poivrer. Une fois à ébullition, ajouter la branche de thym et l'ail. Terminer avec le jus de viande et l'eau. Couvrir et mener à ébullition. Cuire environ 2 heures au four à basse température (à 250 °C / 480 °F) pour laisser braiser doucement.

Une bonne purée maison de pommes de terre sera exquise en accompagnement.

* Une pièce de viande lente à cuire, c'est vrai! Mais quel régal pour un peu de patience.

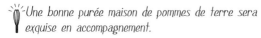

BŒUF (PALETTE)

Aux fines herbes et vin blanc

1 c. à soupe de romarin haché
1 c. à soupe de persil haché
1 c. à soupe de thym haché
1 c. à soupe de moutarde
   sèche
1 c. à soupe de pâte de
   tomates

Filet d'huile d'olive
1 c. à soupe d'oignon haché
2 t. de bouillon de bœuf ou
   de fond de veau
3/4 t. de vin blanc
Sel et poivre

2 h 30 min

PRÉPARATION : Dans un bol, mélanger les fines herbes avec la moutarde et la pâte de tomates. Dans un sautoir, saisir la viande 10 minutes dans l'huile. Badigeonner la viande avec la préparation de fines herbes. Dans un plat creux pouvant aller au four, déposer la palette badigeonnée et l'oignon et verser tout autour le bouillon de bœuf ou le fond de veau et le vin blanc. Assaisonner. Faire cuire à couvert fermé environ 2 heures à 165 °C / 330 °F.

Avec des tagliatelles fraîches le tout est surprenant.

* Une viande qui se détachera au contact de la fourchette.

BŒUF (RÔTI)

Bouillon de bœuf parfumé

1/4 t. d'ail haché
1/4 t. de persil haché
2 c. à soupe de moutarde

2 t. de bouillon de bœuf
Sel et poivre

1 h

PRÉPARATION : Dans un petit saladier, mélanger l'ail, le persil et la moutarde. Badigeonner la surface du rôti avec la préparation et le déposer sur une grille surélevée placée au fond d'un plat de cuisson. Verser le bouillon de bœuf sous la grille. Assaisonner. Faire cuire au four 1 heure à 130 °C / 275 °F.

Ce plat se contente parfaitement de simples pommes de terre au four.

BŒUF (SURLONGE)

Sauce gribiche

INGRÉDIENTS : Voir la recette Sauce gribiche à la page 94.

PRÉPARATION : Voir la recette Sauce gribiche à la page 94.

Servir avec un assortiment de légumes grillés, d'huile d'olive et de vinaigre balsamique.

15 min

* La surlonge est une partie très savoureuse du bœuf. Elle sera excellente simplement poêlée ou grillée un court instant. Cette préparation de sauce sera un beau complément.

BROCHET

Crème d'écrevisses

3 c. à soupe d'oignon haché
1 tomate mûre en dés
Filet d'huile d'olive
1/4 t. de cognac ou de brandy
2 c. à soupe de beurre
    d'écrevisses

1/4 t. de vin blanc
1 c. à soupe de pâte de tomates
1 t. de crème à cuisson 15 %
1 c. à thé d'estragon haché
Sel et poivre

15 à 20 min

PRÉPARATION : Faire revenir l'oignon et la tomate dans l'huile d'olive. Faire flamber avec le cognac ou le brandy puis arroser avec le vin blanc. Laisser réduire. Ajouter le beurre d'écrevisses. Remuer le tout avec la pâte de tomates et la crème. Laisser cuire 15 minutes et passer la sauce. Chauffer à feu doux avec l'estragon. Assaisonner.

Le brochet est excellent servi avec un gratin de céleri ou simplement poché et recouvert d'un filet d'huile d'olive. Cette sauce ira à merveille avec le brochet servi en quenelles; une sauce passe-partout à servir également sur des pâtes.

BULOT

Mayonnaise légèrement aillée

2 gousses d'ail
1/2 c. à soupe de persil haché
Quelques gouttes de jus
   de citron

1/2 t. de mayonnaise
   (voir recette page 92)
Filet d'huile d'olive

10 min

PRÉPARATION : Dans le bol d'un petit mixeur, déposer l'ail, le persil, et le jus de citron. Ajouter la mayonnaise. Mixer avec l'huile d'olive. Monter la mayonnaise.

Accompagner de croûtons dorés et de mesclun de roquette.

* Conserver les bulots sur de la glace.

CAILLE

Vinaigrette tiède au jus de viande et pulpe de framboises

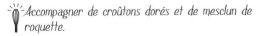

Cailles
Filets d'huile d'olive
2 c. à soupe de vinaigre
   de framboise
1 c. à soupe de framboises
   fraîches

1/4 t. de bouillon de bœuf
   ou de fond de gibier
1/2 c. à soupe de ciboulette
   ciselée
1 noix de beurre
Sel et poivre

10 min

PRÉPARATION : Dans une poêle, faire revenir rapidement les cailles dans l'huile d'olive. Retirer les cailles et déglacer avec le vinaigre de framboise. Ajouter les framboises fraîches. Verser le bouillon de boeuf ou le fond de gibier ainsi que la ciboulette. Terminer cette réduction de sauce avec le beurre et un peu d'huile d'olive. Écraser les framboises à la fourchette et assaisonner.

Un plat de pois gourmands au beurre et quelques framboises fraîches se marieront parfaitement au plat.

CAILLE ROYALE

Petit jus de civet aux raisins

1 c. à soupe de petits lardons
   fumés en morceaux
1/2 oignon moyen haché
Soupçon de cognac ou
   d'armagnac
1 c. à soupe de raisins
   de Corinthe

1/2 t. de bouillon de bœuf ou
   de fond de gibier
1 c. à soupe de beurre
Sel et poivre

15 min

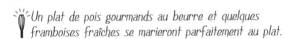

PRÉPARATION : Faire revenir les lardons avec l'oignon sans aucune autre matière grasse. Dès coloration, verser quelques gouttes de cognac ou d'armagnac dans la poêle pour déglacer. Ajouter les raisins et le bouillon de bœuf ou le fond de gibier. Laisser réduire légèrement et monter la sauce avec le beurre. Assaisonner.

Accompagner ce plat d'une polenta crémeuse.

* La caille est une petite volaille très tendre et savoureuse. Peu de temps de cuisson suffit pour qu'elle soit cuite à la perfection.

CALMAR

Sauce tomate corsée et citronnée

15 min

1 c. à soupe d'oignon ciselé	1 c. à soupe de pâte de tomates
1 gousse d'ail écrasée	Zeste de 1 citron
Filet d'huile d'olive	5 gouttes de sauce Tabasco
1 t. de tomates en conserve	Sel et poivre
Jus de 1 citron	

PRÉPARATION : Faire revenir l'oignon et l'ail dans l'huile d'olive. Ajouter les tomates et le jus du citron. Remuer. Incorporer la pâte de tomates, le zeste du citron et la sauce Tabasco. Laisser mijoter à feu moyen 15 minutes environ. Saler et poivrer.

Des rondelles de saucisses de porc hachées créent un accord « Surf & turf » surprenant avec les calmars !

* Tremper les anneaux de calmar dans du lait et les saupoudrer de farine avant de les faire frire dans un bain d'huile, c'est exquis !

CANARD (AILES)

Sauce sucrée-salée au sésame

15 min

1 c. à soupe de sésame	3 gouttes de sauce Tabasco
1 c. à soupe de miel	3 c. à soupe de sauce soya
1 c. à soupe de paprika	Sel et poivre
2 pincées de piment en poudre	Ailes de canard

PRÉPARATION : Dans un saladier, mélanger tous les ingrédients. Ajouter les ailes de canard. Laisser mariner au frais un minimum de 12 heures. Faire cuire au four 20 minutes à 200 °C / 400 °F sur un papier de cuisson. Faire réchauffer le peu de sauce restant pour napper les ailes.

À découvrir absolument comme amuse-bouche à l'heure de l'apéro.

CANARD (CUISSE CONFITE)

Jus court aux figues et aux amandes

20 min

4 figues fraîches ou sèches
1 c. à soupe de sucre semoule
2 c. à soupe d'amandes
   effilées ou grillées
1 noix de beurre

Soupçon de porto
1 t. de fond de canard ou
   de jus de viande
Sel et poivre

PRÉPARATION : Dans une petite casserole, déposer les figues et couvrir d'eau jusqu'à hauteur. Ajouter le sucre semoule. Laisser cuire jusqu'à l'évaporation des deux tiers de l'eau. Égoutter. Dans une poêle, faire revenir les figues pochées et les amandes dans le beurre. Ajouter un soupçon de porto pour déglacer et parfumer. Terminer avec le fond de canard ou le jus de viande. Assaisonner.

Une purée de légumes racines, par exemple de carottes et panais, sera parfaite avec le canard nappé de sauce.

CANARD (CUISSE)

Jus de viande et griottes

20 min

1/2 t. de griottes en sirop
1 c. à soupe de beurre
1 c. à soupe de sucre semoule
1/4 t. de porto

1/2 t. de fond de canard
   (voir recette page 98)
Sel et poivre

PRÉPARATION : Dans une poêle, faire revenir les griottes dans le beurre avec le sucre semoule. Déglacer avec le porto et verser le fond de canard dès que l'alcool commencera à s'évaporer. Assaisonner et garder au chaud.

Une sauce festive qui ira très bien avec les haricots fins et les pommes sautées à la graisse de canard.

CANARD (ENTIER)

Jus de cuisson et canneberges

30 min

1 canard
Filet d'huile d'olive
1 t. de bouillon de légumes
   (voir recette page 96)
2 c. à soupe de miel

Zeste de 1/2 orange
Zeste de 1/2 citron
1/2 t. de canneberges sèches
Sel et poivre

PRÉPARATION : Déposer le canard dans un plat pouvant aller au four. Arroser d'huile d'olive. Verser dessus le bouillon de légumes, le miel et les zestes d'agrumes. Déposer les canneberges tout autour. Assaisonner. Cuire au four 1 heure à 165 °C / 330 °F. Arroser très souvent le canard avec son jus tout au long de la cuisson.

 De beaux navets braisés ou confits seront parfaits en accompagnement.

CANARD (FOIE GRAS)

Sauce caramel aux petits fruits rouges

Foie gras de canard
1 c. à soupe de vinaigre balsamique
1 c. à soupe de confiture de fruits ou de baies confites
2 pincées d'un mélange d'épices chinoises

 10 min

 PRÉPARATION : Dans une poêle, cuire le foie gras sans autre matière grasse. Conserver la graisse et les sucs. Déglacer avec le vinaigre balsamique. Ajouter la confiture ou les baies confites. Arroser avec la graisse de canard et parfumer avec le mélange d'épices chinoises.

* Le foie gras poêlé servi sur un pain perdu ou un pain d'épice brioché et cette sauce, c'est à perdre la tête!

CANARD (MAGRET SÉCHÉ ET FUMÉ)

Vinaigrette perlée au balsamique

1/4 t. de vinaigre balsamique
Sel et poivre du moulin
1/4 t. d'huile d'olive

15 min

PRÉPARATION : Dans une casserole, faire réduire le vinaigre balsamique. Amener à ébullition et retirer dès coagulation. Réserver au froid pour que la réduction fige plus rapidement. Dans un bol, verser le sel et le poivre puis ajouter l'huile d'olive. Une fois le sel dissout, ajouter la réduction de balsamique et remuer doucement avec une cuillère pour perler cette vinaigrette.

 Quelques feuilles de mesclun et de roquette accompagnées de copeaux de vieux parmesan connaîtront un succès assuré avec ce plat.

CANARD (MAGRET)

Sauce aux olives

15 min

Magrets de canard
3/4 t. d'olives noires
  dénoyautées et tranchées
1 noix de beurre
1 pincée d'herbes de Provence
  ou d'origan

1 t. de fond de canard ou
  de gibier (voir recettes
  page 98)
1/2 c. à soupe de pâte
  de tomates
Sel et poivre du moulin

PRÉPARATION : Faire cuire les magrets de canard dans une poêle. Conserver les sucs de cuisson. Y ajouter les olives noires. Les faire revenir rapidement dans le beurre. Ajouter une pincée d'herbes de Provence ou d'origan et arroser le tout du fond de canard ou de gibier. Laisser réduire 10 minutes et lier avec la pâte de tomates. Assaisonner.

Servi avec une ratatouille, c'est un vrai délice!

CANARD (POITRINE)

Jus de viande au caramel d'agrumes

20 min

Poitrines de canard
2 c. à soupe de sucre
  semoule
1 c. à soupe de beurre
1/2 t. de jus d'orange
Zeste de 1 orange
Zeste de 1 citron

Soupçon de miel
Soupçon de vinaigre
  balsamique
1/2 t. de fond de canard ou
  de gibier (voir recettes
  page 98)
Sel et poivre

PRÉPARATION : Dans une poêle, faire cuire les poitrines de canard. Conserver les sucs et démarrer un caramel avec le sucre semoule et le beurre. Dès coloration, déglacer avec le jus d'orange. Ajouter les zestes d'agrumes ainsi que le miel. Laisser réduire. Incorporer quelques gouttes de vinaigre balsamique et verser le fond de canard ou de gibier. Passer cette préparation avant de servir. Assaisonner.

Un riz pilaf ira à merveille avec ce plat.

* On peut donner un peu d'acidité à la sauce en ajoutant quelques gouttes de vinaigre blanc.

CARIBOU (CUBES POUR RAGOÛT)

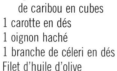

Sauce civet aux notes de cacao

1 h

500 gr (1/2 lb) de viande
  de caribou en cubes
1 carotte en dés
1 oignon haché
1 branche de céleri en dés
Filet d'huile d'olive
1 c. à soupe de pâte
  de tomates

1 branche de thym
1 feuille de laurier
3 t. de vin rouge
1 t. de fond de veau
2 c. à soupe de chocolat
  noir à 70 %
Sel et poivre

PRÉPARATION : Dans un sautoir, faire revenir le caribou avec la carotte, l'oignon et le céleri dans l'huile d'olive. Dès coloration, incorporer la pâte de tomates et les herbes. Arroser le tout avec le vin rouge et ajouter de l'eau jusqu'à hauteur. Cuire à couvert fermé 30 minutes. Ajouter le fond et le chocolat. Assaisonner. Cuire 30 minutes supplémentaires.

Un riz blanc ou des pâtes fraîches absorberont à merveille cette sauce veloutée.

CERF (CÔTE)

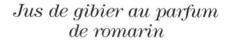

Jus de gibier au parfum de romarin

15 min

1 échalote pelée
1 gousse d'ail pelée
1 t. de fond de gibier
  (voir recette page 98)
  ou de veau lié

3 branches de romarin
  (divisées)
Sel et poivre
1 noix de beurre

PRÉPARATION : Mettre l'échalote et la gousse d'ail à bouillir dans une casserole d'eau bouillante avec 1 branche de romarin. Retirer l'échalote et l'ail une fois bien cuits et les mixer sans le romarin. Dans une casserole, verser le fond de gibier ou de veau lié ainsi que la préparation mixée. Cuire à feu doux 15 minutes environ. Laisser infuser les 2 branches restantes de romarin dans cette sauce quelques minutes. Assaisonner. Lier avec le beurre avant de servir.

Pour un succès assuré : servir avec quelques pommes de terre rattes cuites au four avec un filet d'huile d'olive.

CHAPON

Crémeux au champagne

Chapon
1 t. de champagne ou de vin méthode champenoise
2 c. à soupe de beurre

1 c. à soupe de farine
Sel et poivre du moulin
1/4 t. de crème à cuisson 15 %

25 min

PRÉPARATION : Après avoir fait cuire le chapon entier au four environ 1 heure à 220 °C / 420 °F, retirer le chapon de la plaque de cuisson et y verser le champagne ou le vin pour déglacer les sucs de cuisson. Avec le beurre et la farine, confectionner un beurre manié (mélanger les deux). Incorporer ce beurre au champagne dans la plaque de cuisson. À l'aide d'une fourchette, bien gratter le fond puis passer la sauce. Assaisonner et ajouter la crème à cuisson.

Accompagner ce plat de fête de marrons ou de légumes racines

CHEVAL (BIFTECK)

Bifteck à cheval

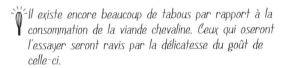

Pour chaque personne :
1 bifteck de viande chevaline
1 c. à soupe de pâte de tomates
1 c. à thé de cornichons dans le vinaigre

1 c. à thé de câpres
1/4 t. de crème à cuisson 15 %
Sel et poivre
1 œuf

15 min

PRÉPARATION : Cuire le bifteck dans une poêle environ 2 à 3 minutes de chaque côté avec du beurre. Conserver les sucs de cuisson. Ajouter la pâte de tomates, les cornichons, les câpres et la crème. Assaisonner. Cuire également un œuf sur le plat à servir sur le bifteck.

Il existe encore beaucoup de tabous par rapport à la consommation de la viande chevaline. Ceux qui oseront l'essayer seront ravis par la délicatesse du goût de celle-ci.

CHÈVRE (JARRET)

Crème de chou-fleur au fromage bleu

20 min

1/2 chou-fleur
1 noix de beurre
1 c. à soupe de fromage bleu

Sel et poivre
1/2 t. de crème à cuisson 15 %

PRÉPARATION : Faire cuire le jarret de chèvre de la même manière que le jarret d'agneau (voir page 17). Cuire le chou-fleur dans l'eau bouillante. Mixer le chou-fleur cuit avec le beurre et le fromage bleu. Saler et poivrer. Ajouter la crème et lier le tout.

Un gratin de chou-fleur à la béchamel sera divin en accompagnement.

CHEVREUIL (PAVÉ)

Fricassée de champignons des bois

20 min

3 champignons shiitake
1 champignon portobello
(ou 1 t. de mélange forestier)
1 c. à soupe de beurre
1 c. à soupe de cognac

1/4 t. de fond de gibier
(voir recette page 98)
ou de veau lié
1/4 t. de crème à cuisson 15 %
Sel et poivre

PRÉPARATION : Dans une poêle, faire revenir les champignons dans le beurre. Déglacer avec le cognac. Verser le fond de gibier ou de veau lié ainsi que la crème. Assaisonner. Laisser réduire 15 minutes.

Une succulente purée de panais et de topinambours ira à merveille avec la chair fondante et goûteuse du chevreuil.

CIGALE DE MER

Jus de bouillabaisse

15 min

1 c. à soupe de mayonnaise légèrement aillée
(voir recette page 27)
1/2 c. à soupe de pâte de tomates
1 t. de soupe de poisson
Sel et poivre

PRÉPARATION : Dans une casserole, verser la mayonnaise à l'ail ainsi que la pâte de tomates. Remuer à l'aide d'un fouet et incorporer la soupe de poisson. Saler et poivrer.

Ajouter de simples croûtons de fromage cuits au four sur cette soupe de poisson juste avant de la servir.

* Il n'y a pas beaucoup de chair à déguster dans ce fruit de mer. Si vous manquez de patience à le décortiquer, l'utiliser comme ingrédient dans la soupe de poisson.

CLAMS

Jus d'échalotes citronné

2 c. à soupe d'échalotes ciselées
1/3 t. de vinaigre de vin rouge
1 c. à thé de jus de citron

5 min

PRÉPARATION : Dans un petit bol, déposer les échalotes. Ajouter le vinaigre de vin rouge ainsi que le jus de citron. Remuer. Conserver au frais au moins 1 heure avant de servir.

Verser simplement une petite quantité de ce jus sur le clam cru et déguster.

COBIA

Beurre aux câpres et parmesan

1/2 t. de beurre
1 c. à soupe de câpres
1 1/2 c. à soupe de parmesan
   râpé

1 c. à soupe de jus d'orange
Sel et poivre

10 min

PRÉPARATION : Dans une casserole, faire fondre le beurre à feu doux et y déposer les câpres. Laisser cuire à feu doux 5 à 6 minutes. Retirer du feu et mélanger avec le parmesan. Ajouter le jus d'orange. Saler et poivrer.

Accompagner d'une salade de feuilles de roquette, de quelques copeaux de parmesan et d'un filet de vinaigre balsamique.

* Conserver cette sauce au frais. Une fois prise, elle pourra être utilisée dans d'autres préparations comme produit de remplacement pour le beurre.

COCHON DE LAIT

Lait mousseux de champignons

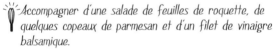

1 t. de champignons blancs
   émincés
1 noix de beurre

1 échalote finement hachée
1 t. de lait
Sel et poivre

15 min

PRÉPARATION : Dans une petite casserole, faire revenir les champignons dans le beurre. Ajouter l'échalote. Verser le lait et amener à ébullition. Saler et poivrer. Laisser réduire à grand feu 15 minutes environ et mixer le tout avec un bras mélangeur.

Servir avec des haricots blancs confits.

COLIN

Mayonnaise à l'aneth

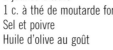

2 jaunes d'œufs
1 c. à thé de moutarde forte
Sel et poivre
Huile d'olive au goût

1 c. à soupe d'aneth haché
Quelques gouttes de jus
    de citron
1/2 c. à soupe de vinaigre blanc

10 min

PRÉPARATION : Dans un saladier, déposer les jaunes d'œufs, la moutarde forte, le sel et le poivre. Monter la mayonnaise petit à petit avec l'huile d'olive. Une fois la préparation épaissie et homogène, ajouter l'aneth et le jus de citron. Pour garantir la teneur de la sauce, chauffer légèrement le vinaigre blanc et le rajouter à la mayonnaise. Incorporer doucement. Conserver au frais.

Accompagner de frites maison arrosées de vinaigre blanc ou de jus de citron, au goût.

* Trempé dans le lait et enrobé de farine ou chapelure, le colin constitue le « fish & chips » par excellence.

COQ

Au vin rouge

Coq
1 1/2 t. de vin rouge
2 carottes en rondelles
1 branche de thym
3 gousses d'ail hachées
1/3 t. de petits oignons blancs

7 tranches de bacon fumé
1 barquette moyenne de
    champignons blancs
Sel et poivre
Soupçon de cognac
1 c. à soupe de pâte de tomates

1 h 20 min

PRÉPARATION : Faire mariner 24 heures au frais les morceaux de coq avec le vin dans un plat profond en y ajoutant les carottes, le thym, l'ail et les petits oignons. Le lendemain, faire revenir dans un sautoir le bacon, les morceaux de coq et les champignons. Saler et poivrer. Faire flamber avec le cognac. Ajouter la pâte de tomates. Ajouter le liquide de la marinade. Cuire à couvert 1 heure ou plus.

Des pommes de terre vapeur ou du riz demeurent les meilleurs accompagnements.

COQUE DE MER

Bouillon au chorizo

1 branche de céleri en
    petits dés
1/2 carotte en petits dés
Filet d'huile d'olive

Quelques rondelles de chorizo
1 t. de bouillon de légumes
Quelques feuilles de persil
Sel et poivre

10 min

PRÉPARATION : Faire revenir le céleri et la carotte dans l'huile d'olive avec les rondelles de chorizo. Verser le bouillon de légumes avec le persil. Saler et poivrer. Laisser réduire 10 minutes à feu vif. Ajouter les coques au bouillon pour les faire cuire.

COQUELET

Jus d'herbes torréfié

Coquelets
Filet d'huile d'olive
1 c. à soupe d'herbes de
    Provence ou d'origan
1 branche de thym et
    de romarin

2 gousses d'ail écrasées
1/2 t. de vin blanc
1/2 t. de bouillon de volaille
Sel et poivre

20 min

PRÉPARATION : Dans une plaque à rôtir pouvant aller au four, faire revenir les coquelets dans l'huile d'olive. Déposer les herbes et l'ail sur la viande. Dès coloration, déglacer avec le vin et le bouillon de volaille. Enfourner et cuire 20 minutes environ. Filtrer le jus de cuisson avant de servir.

Quelques légumes grillés ou frites maison feront de ce plat un pur délice.

COQUILLE ST JACQUES

Crème de poireau et vin blanc

1 poireau en julienne
1 noix de beurre
1/4 t. de vin blanc
Sel et poivre

1/2 t. de bouillon de légumes
    (voir recette page 98)
1 t. de crème à cuisson 15 %

15 min

PRÉPARATION : Dans une casserole, faire revenir le poireau dans le beurre. Verser le vin blanc et le bouillon de légumes. Saler et poivrer. Laisser réduire. Ajouter la crème et laisser cuire 15 minutes à feu doux. Déposer la crème de poireaux dans chacune des coquilles Saint-Jacques, faire revenir des pétoncles au beurre et les déposer dans les coquilles. Terminer la cuisson au four si besoin.

CORVINA

Marinade d'herbes épicées

1/4 t. de jus de citron
1/4 t. de jus d'orange
1 c. à soupe de vinaigre blanc
1 t. d'huile d'olive
1 gousse d'ail écrasée

1 c. à soupe d'échalote ciselée
1/2 c. à thé de sauce Tabasco
1/4 t. de coriandre fraîche
    hachée
Sel et poivre

15 min

PRÉPARATION : Placer tous les ingrédients dans un bol à mélanger. Remuer énergiquement et conserver au frais. Laisser reposer 1 à 2 heures avant d'utiliser pour mariner la viande.

Servir avec de simples radis rouges et noirs coupés en carpaccio ou en bâtonnets.

* Le corvina servi en ceviche avec cette marinade sera exquis. On peut aussi le faire mariner pendant 1 heure puis le faire griller, tout simplement.

COUTEAU

Beurre fondu au persil frisé

10 min

1 c. à soupe d'échalote ciselée
1 c. à soupe de persil haché
2 c. à soupe de beurre (divisé)

1 c. à soupe de vin blanc
Sel et poivre

PRÉPARATION : Dans une casserole, faire revenir l'échalote et le persil dans une noix de beurre. Ne pas attendre la coloration pour verser le vin blanc. Incorporer le reste du beurre. Saler et poivrer.

Une poêlée d'épinards frais cuits avec beurre parfumé feront un délice de ce plat.

* Les couteaux sont faciles à faire cuire. Il s'agit de les déposer sur une plaque à cuisson et de les cuire au four à 175 °C / 350 °F 6 à 8 minutes.

CRABE DES NEIGES

Fondue de beurre à l'ail et à la ciboulette

10 min

1 gousse d'ail écrasée
2 c. à soupe de beurre fondu
Sel et poivre

1/3 t. de huile d'olive
1 c. à thé de ciboulette ciselée

PRÉPARATION : Dans un mixeur, déposer l'ail écrasé et monter avec le beurre. Assaisonner. Verser l'huile d'olive. Faire cuire à feu doux 15 minutes. Ajouter la ciboulette avant de servir. Napper la chair de crabe cuite de cette fondue de beurre.

Un assortiment de petits légumes santé au beurre à l'ail ajouteront de la fantaisie à ce plat.

CREVETTE

Sauce cocktail

INGRÉDIENTS : Voir recette Sauce cocktail à la page 93.

PRÉPARATION : Voir recette Sauce cocktail à la page 93.

5 min

 Une trempette de légumes sera complémentaire au plat.

DINDE (ENTIÈRE)

Sauce au cidre et pommes au four

Dinde	1 c. à soupe de sirop d'érable
6 pommes à cuire	1 t. de cidre
1 noix de beurre	1/4 t. de crème à cuisson 15 %
1 c. à soupe de vinaigre de cidre	Sel et poivre

25 min

PRÉPARATION : Placer la dinde et les pommes dans une rôtissoire et mettre au four à 190 °C / 375 °F. Retirer les pommes une fois bien cuites, les peler, retirer les pépins et mixer. Mettre la purée obtenue dans une casserole. Ajouter le beurre, le sirop d'érable, le vinaigre de cidre, le cidre et la crème. Assaisonner. Mixer. Rectifier l'assaisonnement. À servir avec la dinde une fois cuite.

* Le mot « dinde » désigne l'oiseau entier, alors que le mot « dindon » est utilisé pour les coupes de viande de dinde.

DINDON (CUBES POUR BROCHETTES)

Huile d'orange aux herbes de Provence

1 branche de thym	1 c. à soupe d'origan
1 branche de romarin	Zeste de 2 oranges
1 c. à soupe d'herbes de Provence	1 t. d'huile d'olive
	Sel et poivre

15 min

PRÉPARATION : Dans une bouteille vide, déposer le thym, le romarin, les herbes de Provence et l'huile d'olive. Placer le zeste des oranges au four 2 minutes. Déposer le zeste dans la bouteille avec les autres ingrédients. Laisser mariner au moins 24 heures. Assaisonner.

Cette huile parfumera la viande avant et après la cuisson.

DINDON (CUBES POUR RAGOÛT)

Sauce ratatouille épicée

25 min

Cubes de dindon
Filet d'huile d'olive
2 tomates fraîches bien mûres
1 courgette en morceaux
1 branche de céleri ciselée
1 échalote hachée
1 gousse d'ail écrasée

1/2 poivron rouge en morceaux
1/2 aubergine en morceaux
1 c. à soupe de pâte de tomates
2 t. d'eau
Sel et poivre

PRÉPARATION : Dans un grand sautoir, faire revenir la viande dans l'huile d'olive. Retirer la viande et y faire cuire tous les légumes. Ajouter les autres ingrédients. Incorporer la viande précuite. Assaisonner. Poursuivre la cuisson à couvert fermé 20 à 25 minutes à feu doux.

Un riz blanc viendra compléter les légumes de la sauce ratatouille.

DINDON (FILET)

Crème de poireau et estragon

25 min

1 blanc de poireau coupé
  en rondelles
1 échalote ciselée
1 noix de beurre
1/2 t. de bouillon de légumes

Sel et poivre
1/2 t. de crème à cuisson
  15 %
1 c. à soupe de feuille
  d'estragon frais et haché

PRÉPARATION : Dans une casserole, faire revenir les rondelles de poireaux et l'échalote ciselée dans le beurre. Verser le bouillon et amener à ébullition. Saler et poivrer. Ajouter la crème, puis l'estragon haché. Laisser mijoter 15 minutes.

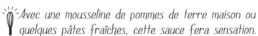

Avec une mousseline de pommes de terre maison ou quelques pâtes fraîches, cette sauce fera sensation.

DINDON (HAUT DE CUISSE)

Fond de gibier et sauce caramélisée

20 min

1 échalote hachée
10 à 12 feuilles de sauge
  fraîche
1 noix de beurre

3/4 t. de fond de gibier
  (voir recette page 98)
  ou de veau lié
Sel et poivre

PRÉPARATION : Dans une casserole, faire revenir l'échalote et la sauge dans le beurre. Dès coloration, verser le fond de gibier ou de veau lié. Laisser mijoter à feu doux 15 minutes. Passer la sauce avant de servir. Assaisonner.

Faire cuire les hauts de cuisse au four 190 °C / 375 °f sur une plaque avec quelques pommes de terre et oignons arrosés d'un filet d'huile d'olive et d'un soupçon de vin blanc. Le résultat est séduisant.

DINDON (PAUPIETTE)

Crème d'épinards et champignons

1 échalote ciselée
1 gousse d'ail hachée
4 champignons blancs émincés
1 t. de pousses d'épinards frais

1 noix de beurre
Filet d'huile d'olive
1/2 t. de crème à cuisson 15 %
Sel et poivre

20 min

PRÉPARATION : Faire revenir l'échalote, l'ail, les champignons et les pousses d'épinards frais dans le beurre et l'huile d'olive. La cuisson terminée, ajouter la crème. Laisser mijoter doucement à feu doux. Assaisonner.

Servir avec un simple riz blanc, car les épinards et les champignons sont déjà un bon complément.

DINDON (POITRINE)

Minestrone au chorizo

1 petit chorizo coupé en dés
1/2 carotte en petits dés
1/2 branche de céleri en
    petits dés
1 petit oignon haché
Filet d'huile d'olive

1 gousse d'ail écrasée
1 pincée d'origan séché
1 tomate pelée en petits dés
1 c. à soupe de pâte de tomates
Sel et poivre

40 min

PRÉPARATION : Dans une casserole, faire revenir les petits dés de chorizo avec la carotte, le céleri et l'oignon dans l'huile d'olive. Dès coloration, ajouter l'ail, l'origan ainsi que la tomate et la pâte de tomates. Assaisonner et recouvrir d'eau. Cuire environ 30 minutes. S'assurer que les légumes sont toujours croquants. Au moment de servir, saupoudrer de parmesan râpé.

Cuire la poitrine dans la poêle ou au four, la déguster bien juteuse. Couper la poitrine en morceaux et les servir dans la soupe.

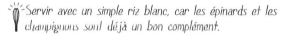

D

DINDON (RÔTI)

Crème de panais au bacon fumé

3 panais en morceaux
6 tranches de bacon fumé
   hachées
1 t. de lait

1/3 t. de crème à cuisson 15 %
Sel et poivre
1 c. à soupe de persil haché

25 min

PRÉPARATION : Cuire les panais dans l'eau bouillante. Égoutter. Dans une autre casserole, faire revenir le bacon. Dès coloration, ajouter les panais et le lait. Amener à ébullition. Mixer. Ajouter la crème, le sel, le poivre et le persil. Cuire 15 minutes à feu doux et passer la sauce avant de servir.

Une bonne purée maison de pommes de terre fera un bon accord.

DINDON (TOURNEDOS)

Crème au chèvre frais et tomates confites

1/2 t. de crème à cuisson 15 %
1 échalote ciselée
1 c. à soupe de fromage
   de chèvre frais
1 c. à soupe de basilic frais
   haché

1 c. à soupe de tomates
   confites hachées
Sel et poivre

15 min

PRÉPARATION : Dans une casserole, faire réduire la crème à feu doux avec l'échalote. Ajouter le fromage, le basilic et les tomates confites. Saler et poivrer. Laisser infuser les arômes une dizaine de minutes en cuisson.

Une poêlée de champignons avec quelques pommes de terre accompagneront merveilleusement ce plat.

DORADE

Sauce à la provençale

2 gousses d'ail hachées
1/2 oignon haché
2 c. à soupe d'huile d'olive
1 poivron rouge en fines
   lamelles
1 poivron vert
2 tomates bien mûres ou 3/4 t.
   de tomates en conserve

1/2 c. à soupe d'herbes
   de Provence
1/3 t. de vin blanc
1/2 c. à soupe de pâte de
   tomates
1 t. d'eau
Sel et poivre

15 min

PRÉPARATION: Dans une casserole, faire revenir l'ail et l'oignon dans l'huile d'olive. Ajouter les poivrons et les tomates. Ajouter les herbes de Provence. Verser le vin blanc dès coloration des légumes. Ajouter la pâte de tomates et l'eau. Remuer, assaisonner et laisser réduire environ 10 à 12 minutes.

Un gratin de courgettes ou une tomate farcie en accompagnement vous transporteront dans un jardin.

* La dorade est très simple à préparer. Il s'agit de la vider, de la nettoyer et de la placer au four 10 minutes à 190 °C / 375 °F.

DORÉ

Crème de céleri et gingembre

2 branches de céleri émincées
1 t. de crème à cuisson 15 %
1 c. à thé de gingembre râpé

1/2 c. à soupe de beurre
Sel et poivre

15 min

PRÉPARATION: Cuire le céleri dans de l'eau bouillante. Retirer et égoutter. Dans une casserole, faire cuire la crème et le gingembre à feu doux. Laisser infuser 9 à 10 minutes. Mixer le céleri en purée avec le beurre. Saler et poivrer puis l'ajouter à la crème et au gingembre. Mixer le tout et passer la préparation de la sauce. Assaisonner.

Quelques carottes Vichy (pocher les carottes puis ajouter du beurre) feront ressortir l'arôme de gingembre de la sauce.

* Le doré peut être servi cuit dans du lait avec un peu de gingembre, du sel et du poivre.

ÉCREVISSE

Nage de fenouil

1/4 de fenouil haché
Écrevisses
Filet d'huile d'olive
1 gousse d'ail écrasée
1 échalote ciselée
1 c. à soupe de pâte de tomates

1 branche de thym frais
2 tomates fraîches en dés
1/2 t. de vin blanc
2 t. de bouillon de légumes
(voir recette page 96)

25 min

PRÉPARATION: Dans un sautoir, faire revenir le fenouil et les écrevisses dans l'huile d'olive. Ajouter l'ail et l'échalote. Faire revenir. Verser la pâte de tomates, le thym et les tomates. Mouiller avec le vin blanc et le bouillon de légumes. Assaisonner. Laisser mijoter 20 minutes tout doucement à couvert.

Déguster les écrevisses telles quelles, avec les doigts.

ÉPERLAN

Huile d'olive parfumée au citron

10 min

1 c. à soupe de vinaigre blanc
Jus de 1 citron
1 c. à thé de fleur de sel
1 t. d'huile d'olive vierge

Zeste de 1 citron
1 feuille de laurier ou de thym
1 c. à thé de baies roses et
de poivre concassé

PRÉPARATION : Verser le vinaigre blanc, le jus de citron et la fleur de sel dans une casserole. Rajouter l'huile d'olive avec le zeste, la feuille de laurier ou de thym. Attention : faire réchauffer l'huile à feu doux, très doux 5 à 10 minutes. Retirer et conserver au frais dans un récipient hermétique.

Une simple salade verte de laitue ou d'épinards accompagnera bien ce plat.

* Les éperlans sont savoureux légèrement farinés et grillés.

ESPADON

Pesto de pistaches

15 min

1/2 t. de pistaches grillées
dénoyautées
3/4 t. d'huile d'olive
2 c. à soupe de parmesan râpé
1 c. à soupe d'échalote hachée

1/4 t. d'eau
Quelques gouttes de jus
de citron
Sel et poivre

PRÉPARATION : Mixer les pistaches préalablement grillées, y incorporer l'huile d'olive et le parmesan. Une fois cette préparation bien homogène, ajouter l'échalote et l'eau pour délier. Remuer le tout et finir avec quelques gouttes de jus de citron au goût, du sel et du poivre.

Accompagner de quelques navets boules simplement pochés ou braisés servis avec quelques feuilles de coriandre fraîche.

* Servir l'espadon grillé, de préférence.

ESTURGEON

Crème fouettée à l'aneth et au caviar

10 min

1/2 t. de crème 35 %
Sel et poivre
1/2 c. à soupe d'aneth haché

Filet d'huile d'olive
1 goutte de jus de citron

PRÉPARATION : Dans un saladier, verser la crème, le sel et le poivre. À l'aide d'un fouet, monter énergiquement la crème pour qu'elle soit onctueuse. Incorporer l'aneth, le filet d'huile d'olive et le jus de citron. Remuer le tout délicatement pour ne pas faire tomber la crème. Conserver au frais. Avant de servir, déposer le caviar à la surface de la crème à l'aide d'une petite cuillère.

Une pomme de terre bien ferme bouillie coupée en fines tranches sera l'accompagnement idéal. Servir la crème sur la pomme de terre.

* Caviar et esturgeon : même provenance

FAISAN

Jus de gibier et cerises à l'eau-de-vie

1 c. à soupe de cerises
　　à l'eau-de-vie
1 noix de beurre
1 branche de thym

1/2 t. de fond de gibier
　　(voir recette page 98)
1 gousse d'ail écrasée
Sel et poivre

15 min

PRÉPARATION : Dans une petite poêle, faire revenir les cerises à l'eau-de-vie dans le beurre. Verser le fond de gibier, le thym et l'ail. Laisser réduire. Saler et poivrer. Retirer le thym et l'ail au moment de servir.

Une purée de châtaignes ou de marrons avec ce plat : l'excellence d'un plat de fête.

* Le faisan est un petit gibier à plumes qui se cuisine très facilement. Demander au boucher de le nettoyer et de le désosser.

FLÉTAN

Sauce rhubarbe et mangue

1 t. de rhubarbe fraîche coupée
　　en tronçons ou 1 c. à soupe
　　de confiture de rhubarbe
1 c. à soupe de sucre semoule
2 c. à soupe de vinaigre
　　de cidre

1 t. d'eau
1 grosse mangue bien mûre
　　en dés
1 t. de jus d'orange
Sel et poivre

15 min

PRÉPARATION : Dans une casserole, faire cuire la rhubarbe avec le sucre semoule dans l'eau. Laisser cuire 15 minutes. Une fois la rhubarbe compotée, y ajouter le vinaigre de cidre et mixer. Ajouter la mangue et le jus d'orange à la préparation. La sauce devra être bien homogène avant d'être réchauffée et assaisonnée.

Accompagner cette sauce d'un riz blanc et de quelques morceaux de mangue.

* Cette préparation de sauce sera encore plus savoureuse si elle est montée avec 1 c. à soupe de beurre au moment de la servir.

GAMBAS

Crème de cognac à l'estragon

1/4 d'oignon moyen haché
Filet d'huile d'olive
1 c. à thé de pâte de tomates
3 c. à soupe de cognac

1 t. de crème à cuisson 15 %
1 c. à soupe d'estragon frais
Sel et poivre

15 min

PRÉPARATION : Faire revenir l'oignon dans l'huile. Ajouter la pâte de tomates. Flamber avec le cognac puis verser la crème. Laisser réduire légèrement et incorporer l'estragon. Cuire 10 minutes à feu doux et mixer le tout. Filtrer la sauce et assaisonner.

Une ratatouille de légumes parfumera l'ensemble du plat.

* Les gambas ou grosses crevettes sont plus savoureuses si elles sont cuites avec leur carapace.

GOBERGE DE L'ALASKA

Crème de carottes et gingembre

2 grosses carottes en rondelles
1 c. à thé de beurre
1 c. à thé de gingembre râpé

Sel et poivre
2 t. d'eau
1/4 t. de crème à cuisson 15 %

15 min

PRÉPARATION : Faire cuire les carottes. Les réduire en purée. Ajouter le beurre. Mixer avec le gingembre, le sel et le poivre. Placer la purée sur le feu et y verser l'eau. Remuer et laisser mijoter à feu doux avec la crème à cuisson. Rectifier l'assaisonnement au besoin.

Un gratin de branches d'épinards ou de bettes à carde fera merveille avec le goberge et cette sauce.

* Consommer ce plat chaud ou bien froid comme une salade.

HARENG

Huile de bacon

5 tranches de bacon
   (fumé ou non) en
   morceaux
1 gousse d'ail écrasée

1 branche de romarin
3/4 t. d'huile d'olive
Sel et poivre

15 min

PRÉPARATION : Dans une casserole, faire revenir à feu vif le bacon et l'ail. Y déposer la branche de romarin pour infusion. Fermer le feu une fois le bacon bien cuit. Ajouter l'huile, saler et poivrer. Faire tiédir l'huile sans la faire chauffer.

*-Servir avec quelques légumes à la grecque ou encore
avec des pommes de terre pochées.

* *Conserver cette huile de bacon pour la préparation de vinaigrettes. Idéale pour la salade César.*

HOMARD

Crémeux de morilles

1 t. d'eau
2 c. à soupe de morilles sèches
1 petite échalote ciselée

1 noix de beurre
3/4 t. de crème à cuisson 15 %
Sel et poivre

PRÉPARATION : Faire tiédir l'eau et y tremper les morilles pour les réhydrater. Retirer les morilles puis les trancher. Filtrer l'eau des morilles et faire bouillir jusqu'à ébullition des trois quarts du volume. Dans une casserole, faire revenir les morilles et l'échalote dans le beurre. Verser la crème ainsi que la réduction d'eau de morilles. Saler et poivrer. Cuire 15 minutes à feu doux.

20 min

*-Un plat de tagliatelles fraîches harmonisera à merveille
le homard et cette sauce.

* *Un mélange de champignons forestiers déshydratés peut être un excellent substitut aux morilles.*

HUÎTRES

Sabayon champenois

1/2 t. de vin mousseux (divisé)
3 jaunes d'œufs

1 c. à soupe d'eau
Sel et poivre

PRÉPARATION : Un bain-marie sera nécessaire à la préparation de cette recette. Faire chauffer à grand feu une casserole d'eau et déposer en surface un grand saladier (en métal de préférence). Verser la moitié du vin et y déposer les jaunes d'œufs. À l'aide d'un fouet, émulsionner énergiquement le mélange sans arrêter. Monter le sabayon en versant délicatement des filets de vin. Dès l'obtention d'une pâte homogène, verser l'eau. Assaisonner.

10 min

*-Servir le sabayon sur les huîtres ouvertes préalablement
nettoyées.

* *Essayer les huîtres en persillade et gratinées au gruyère est également un must.*

LANGOUSTE

Beurre blanc à la vanille

1 échalote ciselée
1/3 t. de vin blanc
2 c. à soupe de vinaigre blanc
3 c. à soupe de beurre

1 gousse de vanille fraîche ou
    1 c. à thé d'extrait de vanille
1/4 t. de crème à cuisson 15 %
Sel et poivre

20 min

PRÉPARATION : Dans une casserole, placer l'échalote, le vin blanc et le vinaigre blanc. Cuire jusqu'à réduction complète. À l'aide d'un fouet, monter au beurre hors du feu, en ajoutant le beurre peu à peu. Ajouter la vanille et la crème à la préparation. Saler et poivrer. Retirer la gousse de vanille avant de servir.

Une mousseline de panais cuits dans du lait avec une noix de beurre fera merveille en accompagnement.

* La langouste est très savoureuse consommée froide. Simplement l'accompagner d'une mayonnaise maison.

LANGOUSTINE

Caramel salé au porto

2 c. à soupe de beurre (divisé)
1 c. à soupe de sucre semoule
1/4 t. de porto
Sel et poivre

Zeste de 1 citron
1 c. à soupe de fond de
    veau (facultatif)

10 min

PRÉPARATION : Dans une casserole, à feu moyen, démarrer un caramel sans eau avec le beurre et 1 c. à soupe de sucre semoule. À coloration complète, verser le porto et remuer aussitôt avec une spatule en bois. Ajouter le sel, le poivre, le zeste du citron et le fond de veau. Filtrer la sauce puis la remettre à cuire à feu doux pour réduire. Ajouter le reste du beurre. Remuer.

Faire cuire les langoustines décortiquées dans cette sauce quelques minutes. Un riz pilaf sera parfait avec le plat.

LAPIN (CUISSE)

Crème citronnée aux herbes

4 pommes de terre pelées,
    cuites à la vapeur et
    coupées en rondelles
4 cuisses de lapin
Sel et poivre
3/4 t. de crème à cuisson 15 %

Jus de 1 citron
1 c. à soupe de persil haché
1 c. à soupe de ciboulette
    hachée
1 c. à soupe d'estragon
    frais haché

25 min

PRÉPARATION : Couper des carrés de papier d'aluminium assez grands pour recevoir chacun une cuisse de lapin. Déposer une pomme de terre en rondelles sur chaque carré. Déposer une cuisse de lapin sur le dessus. Assaisonner. Dans un bol, verser la crème, le jus de citron et les herbes fraîches. Mélanger. Diviser la crème sur chacune des cuisses. Refermer les carrés pour former des papillotes. Cuire au four 25 minutes à 200 °C / 400 °F.

* La cuisse de lapin est aussi un vrai régal confite dans la graisse de canard.

LAPIN (ENTIER)

Réduction à la bière

25 min

1 lapin	Filet d'huile d'olive
1 carotte en rondelles	1 canette de bière
1 oignon haché	Sel et poivre
3 champignons blancs émincés	1 branche de thym
1 échalote hachée	1 gousse d'ail écrasée

PRÉPARATION : Placer le lapin dans une rôtissoire. Déposer tout autour la carotte, l'oignon, les champignons et l'échalote. Arroser le lapin avec l'huile d'olive et la bière. Saler et poivrer. Ajouter le thym et l'ail. Cuire le lapin au four 25 minutes à 200 °C / 400°F.

 Servir avec le jus de cuisson.

* La levure de la bière rendra la chair du lapin plus moelleuse.

LAPIN (RÂBLE)

Crème de duxelles

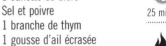

1 barquette de champignons blancs nettoyés	1/3 t. de vin blanc
	1/2 t. de crème à cuisson 15 %
1 échalote ciselée	Sel et poivre
1 c. à soupe de beurre	

25 min

PRÉPARATION : Mixer les champignons crus en purée. Dans une casserole, faire revenir l'échalote et la purée de champignons dans le beurre. Dès légère coloration, verser le vin blanc et attendre l'évaporation complète de l'alcool. Verser la crème. Assaisonner. Laisser réduire 5 à 10 minutes à feu doux.

Une purée de pommes de terre sera excellente avec ce plat. Cette sauce dégage beaucoup de saveurs.

LIEU

Brunoise de légumes au prosciutto

20 min

2 c. à soupe de carotte en dés
2 c. à soupe de céleri en dés
1 c. à soupe d'oignon haché
Filet d'huile d'olive
2 tranches de prosciutto

2 feuilles de sauge
3/4 t. de bouillon de légumes
(voir recette page 96)
1/4 t. de fond de veau
Sel et poivre

PRÉPARATION : Dans une casserole, faire revenir la carotte, le céleri et l'oignon dans l'huile d'olive. Couper le prosciutto en morceaux et les ajouter aux légumes. Ajouter la sauge. Dès coloration des légumes, mouiller avec le bouillon de légumes. Ajouter le fond de veau. Saler et poivrer. Laisser cuire 15 à 20 minutes.

Accompagner d'endives braisées enroulées d'une tranche de prosciutto.

* Avec le poisson coupé en petits morceaux, cette préparation peut être servie en entrée.

LIÈVRE

Sauce chasseur

INGRÉDIENTS : Voir la recette Sauce chasseur à la page 88.

PRÉPARATION : Voir la recette Sauce chasseur à la page 88.

Point de place au hasard dans le choix de cette sauce. Elle s'accordera à merveille avec ce plat pouvant être servi avec des carottes braisées.

25 min

LOTTE

Crémeux aux piments

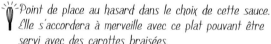

15 min

1 c. à soupe de beurre
1 c. à soupe d'huile d'olive
Lotte
1 poireau émincé
1/2 t. de crème à cuisson 15 %

3/4 t. de bouillon de légumes
(voir recette page 96)
Sel et poivre
1 pincée de piment d'espelette

PRÉPARATION : Dans une grande casserole, déposer le beurre et l'huile et faire revenir la lotte et le poireau jusqu'à coloration les morceaux de poisson. Une fois le poisson cuit, verser le bouillon de légumes, laisser réduire et mixer. Remettre cette préparation à cuire en y ajoutant la crème, le sel, le poivre ainsi que le piment d'espelette.

☀️*Servir sur un lit de poireaux grillés au four ou tout simplement pochés.*

* La lotte est succulente poêlée en petits médaillons. Conserver la base de sauce restante mixée pour lier les potages. Ils seront explosifs!

MAHI-MAHI

Beurre blanc vanillé

2 c. à soupe d'échalote hachée	1 c. à thé d'extrait de vanille ou
1/4 t. de vinaigre blanc	1 gousse de vanille fraîche
3 c. à soupe de beurre	Sel et poivre
1/3 t. de crème à cuisson 15 %	

🕐

15 min

PRÉPARATION : Dans une casserole, faire bouillir l'échalote avec le vinaigre blanc jusqu'à évaporation totale du vinaigre. Retirer du feu et ajouter le beurre petit à petit en brassant avec un fouet. Monter cette préparation au-dessus du feu, pas directement dessus. Une fois la préparation montée et le beurre mousseux, verser la crème et laisser réduire. Passer le tout et remettre à chauffer délicatement avec l'extrait de vanille ou la pulpe de gousse de vanille. Assaisonner.

☀️*Servir cette préparation exotique avec de la patate douce légèrement poivrée avec un peu de cayenne.*

* Conserver dans un bain-marie jusqu'au moment de servir.

MAQUEREAU

Huile tiède à la catalane

1 c. à soupe de tomates séchées, marinées, en petits morceaux	1 feuille de laurier
	1 gousse d'ail écrasée
	1/2 c. à thé de sauce Tabasco
1 c. à soupe de cornichons au vinaigre en rondelles	1 pincée de piment en poudre
	1 branche de thym
1 c. à soupe d'olives noires broyées	1 c. à soupe de vinaigre blanc
	Sel et poivre
1 t. d'huile d'olive	

🕐

15 min

PRÉPARATION : Dans une casserole, déposer les tomates séchées, les cornichons et les olives. Verser l'huile d'olive et faire tiédir délicatement. Incorporer le reste des ingrédients et remuer. Assaisonner. Laisser mijoter 15 minutes environ.

☀️*Un bulbe de fenouil à l'huile d'olive et citron sera merveilleux avec cette préparation.*

* Conserver cette huile pour parfumer pizzas et plats de pâtes de dernière minute.

MARLIN

10 min

Marinade gingembre et citron vert

Sel et poivre
Jus de 1 lime
1 c. à soupe de vinaigre de riz
1 c. à soupe d'huile de sésame
1 c. à soupe d'eau

1 c. à thé de gingembre
    frais haché
Zeste de 1 citron vert
1/3 t. d'huile d'olive

PRÉPARATION : Dans un bol, déposer le sel et le poivre et recouvrir du jus de lime. Ajouter le vinaigre de riz ainsi que l'huile de sésame. Mélanger avec un fouet et lier avec l'eau. Incorporer le gingembre et le zeste de citron vert. Compléter avec l'huile d'olive. Conserver au frais au minimum 6 heures avant de l'utiliser.

Servir le marlin sur un pic à brochette prêt à faire griller. Garnir de champignons frais, d'oignons et de poivrons.

* Cuire le marlin arrosé de cette marinade en papillote. Un vrai régal!

MERLAN

15 min

Beurre de framboises et épinards

1 t. d'épinards frais
3 c. à soupe de beurre (divisé)
Filet d'huile d'olive
1/4 t. de framboises fraîches

2 c. à soupe de vinaigre
    de framboise
1/4 t. de bouillon de légumes
Sel et poivre

PRÉPARATION : Dans une casserole, faire cuire les épinards avec une noix de beurre et l'huile d'olive. Incorporer le beurre restant ainsi que les framboises. Remuer le tout et déglacer avec le vinaigre de framboise. Mixer le tout et refaire cuire à feu doux avec le bouillon de légumes. Saler et poivrer. Remonter au beurre si besoin est.

Un gratin d'épinards et du riz parfumé seront délicieux avec cette préparation.

* Conserver cette sauce pour future utilisation comme vinaigrette à salade.

MERLU

15 min

Sauce verte

1 c. à soupe d'estragon haché
1 c. à soupe de persil haché
Filet d'huile d'olive
1 c. à soupe de beurre
2 gousses d'ail hachées

1 c. à thé de câpres
1/2 t. de fumet de poisson
1/2 t. de crème à cuisson 15 %
Sel et poivre

PRÉPARATION : Dans une casserole, faire revenir les herbes vertes dans l'huile et le beurre sans les faire cuire. Ajouter l'ail et les câpres. Verser le fumet de poisson et mettre à ébullition. Mixer, passer et refaire cuire lentement avec la crème. Saler et poivrer.

Un gratin de tomates et de courgettes au basilic dégagera beaucoup d'arômes et accompagnera cette préparation à merveille.

* On peut remplacer la crème à cuisson par du beurre. Une fois réfrigéré, ce beurre aux herbes peut être utilisé pour parfumer les riz.

MÉROU

Bouillon de pot-au-feu

1 pomme de terre en dés
1 carotte en dés
1/2 oignon en dés
1 navet en dés
1/2 poireau en rondelles

1 branche de céleri
1 bouquet garni (thym, laurier, clous de girofle)
Sel et poivre
Filet d'huile d'olive

20 à 30 min

PRÉPARATION : Déposer les légumes dans une grande marmite. Ajouter le bouquet garni. Saler et poivrer. Arroser d'huile d'olive. Recouvrir d'eau à hauteur et laisser cuire à feu vif 20 à 30 minutes. Retirer les légumes pour passer le bouillon.

Accompagner la préparation des légumes cuits dans ce bouillon à pot-au-feu.

* Faire cuire le poisson en fin d'étape avec les légumes ou encore le servir poché et l'accompagner d'une simple mayonnaise.

MORUE

Crème de coriandre à l'ail

2 jaunes d'œufs
1 c. à thé de moutarde forte
1/2 t. d'huile d'olive
1 c. à soupe de coriandre hachée

1 c. à thé d'ail haché
1 c. à thé de vinaigre blanc
Sel et poivre

15 min

PRÉPARATION : Monter une base de mayonnaise avec les jaunes d'œufs, la moutarde et l'huile d'olive. Compléter cette sauce émulsionnée avec la coriandre fraîche, l'ail et le vinaigre blanc. Saler et poivrer. Conserver au froid jusqu'au moment de servir.

La morue est très appréciée pochée avec des légumes comme un pot-au-feu ou avec de simples pommes de terre écrasées.

* Pour ne pas rater la base de la mayonnaise, la monter dans un robot et y incorporer à la fin le vinaigre blanc légèrement chaud. Il empêchera la sauce de tomber.

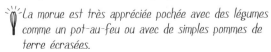

M

MORUE CHARBONNIÈRE

Jus de viande à l'estragon

15 min

1 t. de fond de veau
1 c. à soupe d'estragon haché

Sel et poivre
1 c. à soupe de beurre

PRÉPARATION : Dans une petite casserole, faire réduire le fond de veau avec l'estragon. Laisser infuser environ 10 à 15 minutes et retirer du feu. Mixer le jus de viande avec l'estragon, passer le jus et remettre à cuire à feu doux. Saler et poivrer. Monter la sauce au beurre lentement.

Excellent accompagné d'une purée de courges ou d'une préparation à base de citrouille.

* *Ce poisson sera encore plus savoureux s'il a été présalé quelques heures avant de le mettre à cuire.*

MORUE DU PACIFIQUE

Jus de viande et porto

15 min

3 c. à soupe de beurre (divisé)
2 c. à soupe de sucre semoule
1/2 t. de porto

3/4 t. de fond de veau
Sel et poivre

PRÉPARATION : Dans une petite casserole, démarrer un léger caramel avec 1 c. à soupe de beurre et le sucre semoule. Faire une légère coloration brunâtre et verser le porto pour déglacer. Remuer avec une spatule de bois et laisser flamber. Une fois l'alcool évaporé, verser le fond de veau et monter au beurre. Assaisonner.

Servir avec une poêlée de pommes de terre rattes au beurre et quelques branches vertes comme le rapini.

* *La sauce mettra encore plus la chair de ce poisson à l'honneur s'il est servi en brandade (morue émiettée avec huile, crème et ail).*

MORUE LINGUE

Lait de panais

15 min

2 panais en tronçons
1/2 t. de lait
1 pincée de muscade moulue
Sel et poivre

Filet d'huile d'olive
1 c. à soupe de beurre
1/3 t. de crème à cuisson 15 %

PRÉPARATION : Dans une casserrole, faire pocher les panais dans le lait. Une fois le légume cuit, mixer en ajoutant la muscade, le sel et le poivre. Remettre la casserole sur le feu en ajoutant l'huile d'olive et la noix de beurre. Mélanger. Verser la crème pour terminer.

*Prévoir quelques panais supplémentaires en cuisson et servir une mousseline de panais avec ce plat.

* Ne pas hésiter à rajouter 1 t. de lait supplémentaire si la sauce est trop épaisse.

MOULES

Marinières et fumet

1 c. à soupe d'oignon haché
1 gousse d'ail écrasée
Filet d'huile d'olive
1 t. de vin blanc

1 tomate fraîche en dés
1 t. de fumet de poisson
1 c. à soupe de persil haché
Sel et poivre

10 min

PRÉPARATION : Dans un sautoir ou un chaudron à couvercle, faire revenir l'oignon et l'ail dans l'huile d'olive. Y déposer des moules. Verser le vin blanc avec la tomate. Laisser cuire 5 minutes à couvercle fermé. Ajouter le fumet dès l'ouverture des coquilles ainsi que le persil. Saler et poivrer. Laisser cuire 5 minutes supplémentaires.

Des frites fraîches avec moules : un duo classique irrésistible!

MOULES BLEUES

Jus de rouille

2 c. à soupe de mayonnaise légèrement aillée (voir recette
    page 27)
6 gouttes de sauce Tabasco
1 c. à soupe de pâte de tomates
Bouillon de moules marinières (peut être réalisé avec ces moules)

5 min

PRÉPARATION : Faire cuire les moules bleues façon marinière (voir la recette précédente). Retirer les moules du plat de cuisson. Lier la mayonnaise aillée avec la sauce marinière. Ajouter la sauce Tabasco et la pâte de tomates. Remuer.

Une salade de carottes râpées maison servie en accompagnement sera l'accord parfait.

MOUTON (CÔTELETTE, POITRINE OU ÉPAULE)

Fond d'agneau lié à l'harissa

1/4 carotte en rondelles
1/2 c. à soupe de pâte d'harissa
1 c. à soupe de coriandre fraîche hachée
1 t. de fond d'agneau (voir recette page 97)
15 min Sel et poivre

PRÉPARATION : Dans une casserole, faire cuire les rondelles de carottes. Une fois cuites, retirer et mixer. Incorporer la pâte d'harissa et la coriandre. Verser le fond d'agneau dans la préparation. Laisser cuire à feu doux 10 à 15 minutes. Assaisonner.

Accompagner d'une semoule à couscous avec quelques feuilles de coriandre ou des raisins secs.

OIE

Fond de canard et gelée de canneberges

1 noix de beurre
Jus de 1/2 citron
2 c. à soupe de gelée de canneberges
15 min 1 t. de fond de canard (voir recette page 98)
Sel et poivre

PRÉPARATION : Faire fondre le beurre dans une casserole et ajouter le jus du citron. Lier avec la gelée de canneberges. Verser le fond de canard. Laisser mijoter 10 à 15 minutes. Assaisonner. Cette sauce servira de nappage au moment de servir.

Asperges pochées et canneberges seront parfaites avec ce plat.

OIE (FOIE GRAS)

Sirop à la gousse de vanille et figues fraîches

4 escalopes de foie gras d'oie   1 gousse de vanille fraîche
4 figues fraîches coupées   Sel et poivre
   en quatre   1 noix de beurre
15 min

PRÉPARATION : Dans une poêle très chaude, faire cuire les escalopes de 2 à 3 minutes de chaque côté. Retirer les escalopes et cuire les figues dans la graisse. Mouiller avec un peu d'eau.

À l'aide d'un couteau, vider la chair de la gousse de vanille et l'incorporer à la sauce avec la gousse raclée. Saler et poivrer. Monter au beurre avant de servir.

Sortir une bouteille de Sauternes ou de vin liquoreux pour profiter pleinement de ce plat.

OURSIN

Beurre blanc safrané

2 pincées de safran ou persil de safran (épicerie fine)
1 c. à soupe de vin blanc
1 c. à soupe de vinaigre blanc

1/2 t. de beurre
1 t. de crème à cuisson 15 %
1 échalote ciselée

15 min

PRÉPARATION : Suivre les instructions de la recette de beurre blanc (voir la recette à la page 92). Terminer d'élaborer ce beurre blanc en ajoutant le safran juste avant de la servir.

Ce beurre fera merveille versé sur les oursins crus (prévoir 1 c. à thé par oursin). Servir tout simplement avec d'autres fruits de mer et coquillages.

PALOURDE

Jus de fricassée

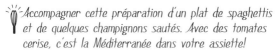

1 gousse d'ail écrasée
1 branche de céleri émincée finement
Filet d'huile d'olive
Palourdes

1/2 t. de vinaigre blanc
1/2 t. d'eau
Quelques feuilles de coriandre fraîche hachées
Sel et poivre

10 min

PRÉPARATION : Dans une casserole, faire revenir l'ail et le céleri dans l'huile d'olive. Faire sauter les palourdes et mouiller avec le vin blanc et l'eau. Ajouter la coriandre. Saler et poivrer. Laisser réduire.

Accompagner cette préparation d'un plat de spaghettis et de quelques champignons sautés. Avec des tomates cerise, c'est la Méditerranée dans votre assiette!

PENGASIUS

Sauce aux pacanes et soya

1/3 t. de pacanes grillées
Filet d'huile d'olive
Sel et poivre
1/3 t. d'huile de sésame

3 c. à soupe de sauce soya
1 c. à soupe de vinaigre de riz
1 c. à thé de coriandre hachée

10 min

PRÉPARATION : Dans une casserole, faire griller rapidement les pacanes dans l'huile d'olive. Saler et poivrer. Retirer du feu. Dans un bol à mixer, verser l'huile de sésame, les pacanes et la sauce soya. Mixer la préparation puis ajouter le vinaigre de riz et un peu d'eau au besoin. Assaisonner et faire chauffer au moment de servir avec la coriandre hachée.

Un taboulé ou une semoule à couscous seront intéressants servis froids ou chauds avec cette préparation.

* Pour un repas original, préparer un bouillon de fondue chinoise et y tremper des morceaux de ce poisson à chair solide.

PERCHE DU NIL

Crème et curry

10 min

1 échalote grise hachée	1/2 c. à thé de curry en poudre
1 c. à soupe de beurre	1 t. de crème à cuisson 15 %
1/3 t. de vin blanc	Sel et poivre
1/3 t. de fumet de poisson	

PRÉPARATION : Dans une casserole, faire revenir l'échalote dans le beurre. Dès légère coloration, déglacer avec le vin blanc et incorporer le fumet de poisson. Une fois à ébullition, ajouter le curry et remuer. Terminer la cuisson de la sauce avec la crème et laisser réduire environ 10 minutes. Assaisonner.

Un risotto à base d'orge nappé d'un peu de cette sauce sera très intéressant avec la préparation.

* Compléter cette recette avec quelques moules ouvertes cuites avec du vin blanc. Le duo moules et curry fera bon ménage avec le poisson et l'orge façon risotto.

PERDRIX

Jus de viande et noisettes grillées

25 min

10 feuilles de sauge fraîche	1/4 t. de cognac
1 noix de beurre	1 t. de fond de gibier
1/3 t. de noisettes pelées	(voir recette page 98)
et grillées	Sel et poivre

PRÉPARATION : Dans une casserole, faire revenir les feuilles de sauge dans le beurre. Ajouter les noisettes grillées préalablement broyées ou concassées et flamber avec le cognac. Verser le fond de gibier et laisser réduire 15 minutes. Assaisonner. Retirer les feuilles de sauge au moment de servir.

* La perdrix se prépare comme le faisan. Demander au boucher de préparer les morceaux de viande.

PÉTONCLE

Beurre de citronnade

Pétoncles
Filet d'huile d'olive
Jus de 1 citron
2 c. à soupe de beurre

Soupçon de crème à
cuisson 15 %
Sel et poivre

5 min

PRÉPARATION : Dans une poêle, faire revenir les pétoncles dans l'huile d'olive 3 minutes de chaque côté. Avant de retirer les pétoncles, déglacer avec le jus d'un citron et ajouter aussitôt le beurre. Retirer les pétoncles. Remuer. Incorporer un soupçon de crème pour épaissir avant d'en napper les pétoncles. Assaisonner.

Portobello grillé au four ou au BBQ servi avec une salade de roquette au balsamique, un chèvre frais et des noix de pin. C'est le paradis!

PIEUVRE

Vinaigrette tiède au xérès et câpres

1/2 t. de jus de tomates
2 c. à soupe de vinaigre
de xérès
1/4 t. d'huile d'olive

1 c. à soupe de câpres
grossièrement hachées
Sel et poivre

10 min

PRÉPARATION : Dans un bol à mélanger, verser le jus de tomates, le vinaigre de xérès, l'huile d'olive et les câpres. Saler et poivrer. Faire réchauffer le tout à basse température et remuer avant de servir.

Ce plat de pieuvre servi avec tomates, courgettes, aubergines et oignons grillés sera parfait pour les beaux jours.

PIGEON (FILET DE POITRINE)

Réduction de Banyuls

Poitrine de pigeon
1/4 t. de Banyuls ou de porto
1 noix de beurre

1/2 t. de fond de gibier
Sel et poivre

20 min

PRÉPARATION : Cuire la poitrine de pigeon dans une poêle. Déglacer avec le Banyuls ou le porto. Ajouter le beurre pour lier. Verser le fond de gibier et laisser cuire la poitrine 8 à 10 minutes dans cette sauce. Assaisonner.

Le pigeon est un symbole de la gastronomie en France. Ceux qui goûteront tomberont sous le charme.

PINTADE

Jus lié au thym et vin blanc

25 min

Pintade	3 branches de thym
Filet d'huile d'olive	1/2 t. de vin blanc
1 échalote ciselée	1/2 t. de fond de gibier
1/2 carotte en rondelles	(voir recette page 98)
1/2 branche de céleri ciselée	Sel et poivre

PRÉPARATION : Placer dans une plaque à rôtir le morceau de pintade choisi. Verser le filet d'huile sur la viande. Ajouter l'échalote, la carotte et le céleri. Verser le vin blanc et faire cuire le temps nécessaire, selon le morceau de viande utilisé (voir note ci-dessous). Filtrer le jus de cuisson et l'additionner au fond de gibier. Ajouter le thym, le sel et le poivre. Laisser mijoter 10 à 15 minutes.

* La pintade se cuit simplement comme toute autre volaille.
Entière : 55 minutes à 200 °C / 400 °F
Cuisse : 30 minutes à 200 °C / 400 °F
Suprême et poitrine : 20 minutes à 200 °C / 400 °F

PORC (BOUDIN)

Beurre fondu au romarin

15 min

1 c. à soupe de beurre	1 branche de romarin effeuillée
1 c. à thé de sucre semoule	Sel et poivre
1 pomme pelée et coupée	Boudin
en fines tranches	

PRÉPARATION : Dans une poêle, faire fondre le beurre et le sucre semoule. Ajouter les tranches de pommes pour les caraméliser ainsi que le romarin. Cuire le boudin sans peau dans cette préparation. Assaisonner. Remuer avec une spatule 5 à 10 minutes et servir.

L'accord pomme et romarin se révèle extraordinaire avec le boudin.

PORC (CARRÉ)

Jus de viande aux épices et agrumes

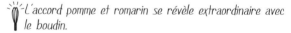

25 min

1 échalote hachée	1 branche de thym
Zeste de 1 orange	1 pincée de paprika
Zeste de 1 citron	1 pincée de piment en poudre
Filet d'huile d'olive	1 t. de fond de veau
2 c. à soupe de sauce soya	Sel et poivre

PRÉPARATION : Faire revenir l'échalote et les zestes d'agrumes dans l'huile d'olive. Dès coloration, ajouter la sauce soya, le thym, le paprika et le piment en poudre. Mouiller avec le fond de veau et laisser réduire 15 à 20 minutes. Filtrer la sauce avant de servir. Assaisonner.

* Ne pas oublier que pour découvrir toute la saveur de cette viande juteuse, une cuisson rosée est de mise.

PORC (CÔTELETTES)

Sauce charcutière

INGRÉDIENTS : Voir la recette Sauce charcutière à la page 88.

PRÉPARATION : Voir la recette Sauce charcutière à la page 88.

Cuire les côtelettes au four façon gratin de champignons à la crème. C'est exceptionnel!

20 min

* Un grand classique que le mélange côte de porc et sauce charcutière, mais toujours aussi savoureux.

PORC (CÔTES LEVÉES)

Sauce barbecue

INGRÉDIENTS : Voir la recette Sauce barbecue à la page 86.

PRÉPARATION : Voir la recette Sauce barbecue à la page 86.

Servir avec des frites croustillantes et une grande serviette pour s'essuyer les doigts!

1 h

* Un incontournable! Sans cette sauce, les côtes levées n'auraient pas de raison d'être.

PORC (CUBES POUR BROCHETTES)

Marinade cochonne

1/2 t. de d'huile d'olive
1 c. à soupe de sirop d'érable
2 c. à soupe de vinaigre blanc
2 c. à soupe de sauce soya
Jus de 1 citron

3 c. à soupe de ketchup
3 c. à soupe de sauce Chili
1 branche de coriandre hachée
1 gousse d'ail écrasée
1 c. à soupe de sauge

10 min

PRÉPARATION : Dans un bol, mélanger tous les ingrédients. Conserver cette marinade au frais 1 à 2 heures avant de l'utiliser.

Un riz blanc parfumé à la ciboulette sera parfait avec ce plat.

P

PORC (CUBES POUR RAGOÛT)

Coulis de tomates et céleri branche

30 min

3 branches de céleri émincées
1 échalote hachée
Filet d'huile d'olive
2 gousses d'ail écrasées
2 tomates fraîches en dés

2 c. à soupe de pâte de
  tomates
1/2 t. de vin blanc
1 branche de thym
Sel et poivre

PRÉPARATION : Dans un sautoir, faire revenir l'échalote et le céleri dans l'huile d'olive. Ajouter l'ail, les tomates, la pâte de tomates et le thym. Verser cette préparation sur les cubes de viande précuits et remuer le tout. Verser le vin blanc pour mouiller et rajouter de l'eau à hauteur. Saler et poivrer. Laisser mijoter 20 minutes.

Un riz frit avec des petits pois sera super avec cette préparation.

PORC (ESCALOPE)

Crème forestière

20 min

10 champignons blancs ou
  cafés émincés
1 noix de beurre
1 échalote hachée

2 c. à soupe de jus de viande
1/2 t. de crème à cuisson 15 %
Sel et poivre
1 c. à soupe de gruyère râpé

PRÉPARATION : Dans une casserole, faire revenir les champignons émincés dans le beurre. Ajouter l'échalote. Dès coloration, verser le jus de viande et la crème à cuisson. Saler et poivrer. Laisser réduire la sauce 10 minutes. Incorporer le gruyère dans la sauce juste avant de la servir.

Une lasagne de légumes serait un choix gourmand pour accompagner cette recette.

PORC (FILET MIGNON)

Caramel de cidre d'érable

15 min

Mignon de porc
Filet d'huile d'olive
3 c. à soupe de sirop d'érable
1 c. à soupe de vinaigre de
  vin blanc

1 c. à soupe de sauce soya
1 petite branche de romarin
1/3 t. de cidre
1 noix de beurre
Sel et poivre

PRÉPARATION : Dans une poêle, faire cuire le filet mignon de porc dans l'huile selon la cuisson désirée. Le caraméliser en versant le sirop d'érable. Laisser mijoter 2 minutes. Déglacer avec le vinaigre de vin et la sauce soya. Déposer dans la poêle la branche de romarin coupée en deux. Mouiller avec le cidre. Monter la sauce légèrement réduite au beurre. Saler et poivrer.

 Une écrasée de pommes sera parfaite en accompagnement.

PORC (JARRET)

Jus de braisage de chou

1/2 chou de Savoie émincé
Filet d'huile d'olive
1 noix de beurre
1 échalote ciselée

3 tranches de bacon hachées
1 t. de vin blanc
1 t. de fond de veau
Sel et poivre

PRÉPARATION : Dans un sautoir, faire revenir le chou dans l'huile d'olive et le beurre. Ajouter l'échalote et le bacon. Dès coloration, déglacer avec le vin blanc et le fond de veau. Saler et poivrer. Au moment de servir, retirer le jus de cuisson et verser sur la viande.

25 min

 Servir avec le chou braisé qui a servi à la confection du jus. À découvrir absolument!

PORC (LONGE)

Marinade pour longe

1 c. à soupe de miel
1 c. à soupe de vinaigre
  de vin blanc
2 feuilles de laurier
1 branche de thym

1/2 t. d'huile d'olive
1 c. à soupe de moutarde forte
3 à 4 gouttes de sauce Tabasco
Sel et poivre
Longe de porc

15 min

PRÉPARATION : Dans un bol, placer tous les ingrédients et mélanger. Badigeonner la longe avec la préparation et la conserver au frais 1 heure avant de la faire cuire.

* Fraîche et désossée, la longe est fabuleuse au BBQ, à la poêle ou au four.

PORC (MÉDAILLONS)

Crème aux petits lardons

6 tranches de poitrines de
  porc fraîches coupées
  en lardons
1 échalote hachée
2 champignons blancs émincés

1 pincée d'origan
Soupçon de vin blanc
1/2 t. de crème à cuisson 15 %
Sel et poivre

10 min

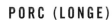

PRÉPARATION : Dans une poêle, faire revenir les petits lardons avec l'échalote. Ajouter les champignons et l'origan. Déglacer avec le vin blanc. Compléter avec la crème. Laisser mijoter 10 minutes. Saler et poivrer.

Servir avec des tagliatelles et du persil haché parsemé sur le tout.

PORC (PAUPIETTES)

Aux olives et champignons

1 oignon haché
1 branche de céleri
Filet d'huile d'olive
1/2 t. d'olives vertes
    dénoyautées entières
1/2 t. de champignons
    en conserve

1/2 c. à soupe d'origan
1 branche de thym
1/3 t. de vin blanc
2 c. à soupe de pâte de tomates
1 t. de tomates concassées
    en conserve
Sel et poivre

25 min

PRÉPARATION : Dans un grand sautoir, faire revenir l'oignon et le céleri dans l'huile d'olive. Ajouter les olives et les champignons. Incorporer l'origan et le thym. Arroser avec le vin blanc. Ajouter la pâte de tomates et les tomates concassées. Mouiller le tout avec un peu d'eau. Laisser mijoter 20 minutes. Saler et poivrer.

Les paupiettes sont habituellement réalisées avec le veau, mais le porc s'apprête bien de cette façon.

PORC (QUEUE)

Sauce ravigote

INGRÉDIENTS : Voir la recette Sauce ravigote à la page 91.

PRÉPARATION : Voir la recette Sauce ravigote à la page 91.

* Une sauce grand classique à servir avec la tête de veau, la sauce ravigote surprendra avec la queue de porc.

30 min

PORC (RÔTI)

Sauce moutarde-miel

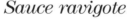
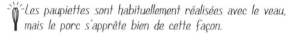

15 min

3 c. à soupe de moutarde forte
3 c. à soupe de miel
2 c. à soupe de vinaigre
    de vin rouge
Rôti de porc

3 gousses d'ail écrasées
1 échalote hachée
1 t. de bouillon de légumes
    (voir recette page 96)
Sel et poivre

PRÉPARATION : Dans un petit bol, mélanger la moutarde et le miel. Remuer et ajouter le vinaigre de vin. Badigeonner le rôti de porc avec cette préparation. Placer le rôti dans une plaque de cuisson avec l'ail, l'échalote et le bouillon de légumes. Cuire le rôti de porc de 800 g (1 1/2 lb) environ 1 h 15 au four à 175 °C / 350 °F. Filtrer la sauce avant de servir. Rectifier l'assaisonnement.

 Un gratin dauphinois sera excellent avec le mélange le porc et sauce miel-moutarde.

PORC (SAUCISSES)

Mayonnaise crémeuse à la moutarde à l'ancienne

1 c. à soupe de moutarde
   à l'ancienne
3 gouttes de sauce Tabasco
1 échalote finement hachée

1/2 t. de mayonnaise
   (voir recette page 92)
Sel et poivre

15 min

PRÉPARATION : Verser dans un bol la moutarde à l'ancienne, la sauce Tabasco et l'échalote. Remuer le tout en ajoutant la mayonnaise. Rendre la préparation encore plus crémeuse en ajoutant un peu d'eau ou de crème épaisse au besoin. Assaisonner. Conserver au frais.

 Un indémodable : la saucisse purée de pommes de terre.

PORC (TOURNEDOS)

Crème à l'aneth et vin blanc

1 gousse d'ail hachée
1 échalote émincée
1 noix de beurre
1 c. à soupe de tomate
   fraîche en dés

Soupçon de vin blanc
1/2 t. de crème à cuisson 15 %
2 c. à soupe d'aneth haché
Sel et poivre

20 min

PRÉPARATION : Dans une petite casserole, faire revenir l'ail et l'échalote dans le beurre. Ajouter les dés de tomate et le vin blanc. Incorporer la crème et l'aneth puis laisser mijoter 10 à 15 minutes. Assaisonner.

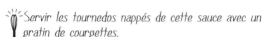 *Servir les tournedos nappés de cette sauce avec un gratin de courgettes.*

POULET (AILES)

Sauce barbecue aigre-doux

10 min

4 c. à soupe de moutarde forte
5 c. à soupe de miel
4 c. à soupe de sauce soya
3 c. à soupe de vermouth dry
    (vin blanc sec)

3 c. à soupe d'huile à friture
1 c. à thé d'ail haché
6 gouttes de sauce Tabasco
6 c. à soupe de ketchup
Sel et poivre

PRÉPARATION : Dans une casserole, verser tous les ingrédients et remuer. Laisser cuire à feu doux environ 5 minutes. Assaisonner. Laisser refroidir avant utilisation.

Quelques succulentes frites maison feront sensation avec ce plat, de même qu'une trempette de légumes au fromage à la crème accompagnée de quelques fines herbes.

* Les ailes de poulet restent croustillantes quand elles sont cuites au four.

POULET (CUISSE)

Sauce basquaise

25 min

1 oignon haché
1/2 poivron vert émincé
1/2 poivron rouge émincé
1/2 poivron jaune émincé
Filet d'huile d'olive
3 gousses d'ail écrasées

1 branche de thym
1 feuille de laurier
3 tomates fraîches bien mûres
    en dés
1 c. à soupe de pâte de
    tomates

PRÉPARATION : Dans un sautoir, faire revenir l'oignon et les poivrons émincés dans l'huile d'olive. Ajouter l'ail, le thym et le laurier. Incorporer les tomates et la pâte de tomates. Saler et poivrer.

* Cette sauce est très parfumée. Y ajouter une pincée de piment d'espelette pour une préparation plus corsée.

POULET (CUISSE)

Sauce basquaise

30 min

10 gousses d'ail écrasées
1/3 t. d'huile végétale
    pour cuisson
1 branche de thym

1 pincée d'origan
1 t. d'eau
Sel et poivre

PRÉPARATION : Placer tous les ingrédients dans un bol et remuer. Déposer le poulet dans une rôtissoire. Verser la préparation sur le poulet. Cuire au four selon les temps de cuisson habituels. Une fois la cuisson terminée, filtrer le jus de cuisson. Écraser l'ail confit à l'aide d'une fourchette. Mixer la préparation rapidement avant de servir. Rectifier l'assaisonnement.

Servir ce délice avec des pommes de terre rôties au four.

POULET (FILET DE POITRINE)

Sauce à l'estragon

INGRÉDIENTS : Voir la recette Sauce à l'estragon à la page 17.

PRÉPARATION : Voir la recette Sauce à l'estragon à la page 17.

*Un simple gratin de courgettes parfumé à l'estragon
sera exquis avec ce plat, du riz basmati également.*

10 min

POULET (PILON)

Sauce tomate épicée et gingembre

2 c. à soupe de ketchup
1/2 c. à soupe de sauce Chili
6 gouttes de sauce Tabasco

1 c. à thé de gingembre
frais haché
Sel et poivre

10 min

PRÉPARATION : Dans une casserole, placer tous les ingrédients et remuer. Faire chauffer à feu très doux. Détendre cette préparation avec 1/3 t. d'eau. Tremper les pilons de poulet sans la peau dans la sauce avant de les faire cuire au four 20 minutes à 190 ºC / 375 ºF.

* Un pur plaisir à grignoter avec les doigts.

POULET DE CORNOUAILLES

Jus de citron à l'érable et aux herbes

6 feuilles de sauge
1 branche d'estragon
1 branche de romarin
2 c. à soupe de sirop d'érable

Jus de 1 citron
Poulet de Cornouailles
Zeste de 1 citron
Sel et poivre

15 min

PRÉPARATION : Mixer les feuilles de sauge, d'estragon et de romarin. Ajouter le sirop d'érable et le jus de citron. Badigeonner le poulet de Cornouailles avec la préparation. Utiliser le zeste du citron pour réaliser une farce rapide avec de la mie de pain et quelques autres herbes. Farcir le poulet et le mettre au four 40 minutes à 180 ºC / 350 ºF.

* Le poulet de Cornouailles est succulent farci car sa taille de coquelet lui permet de s'enivrer de tous les arômes utilisés.

POULPE

Sauce tomate cumin et coriandre

10 min

1 t. de tomates fraîches en dés
2 c. à soupe de vinaigre
de vin blanc
1 c. à soupe de coriandre
fraîche hachée
Filet d'huile d'olive

1/4 d'oignon ciselé
1 pincée de cumin
1/3 t. de sauce tomate
1 gousse d'ail hachée
Sel et poivre

PRÉPARATION : Dans un bol à mélanger, verser les tomates, le vinaigre de vin et la coriandre. Ajouter l'huile d'olive et l'oignon. Parfumer la préparation avec le cumin et conserver au frais. Faite chauffer à part la sauce tomate avec l'ail. Assaisonner. Au moment de servir, verser la première préparation et la sauce tomate sur le poulpe chaud ou froid.

RAIE

Beurre monté aux câpres

1 c. à soupe d'échalote hachée
2 c. à soupe de câpres
Filet d'huile d'olive
1 c. à soupe de vin blanc

1/4 t. de vinaigre blanc
3 c. à soupe de beurre
1/4 t. de crème à cuisson 15 %
Sel et poivre

15 min

PRÉPARATION : Dans une petite casserole, faire revenir l'échalote et les câpres dans l'huile d'olive sans faire caraméliser. Ajouter le vin blanc et le vinaigre blanc. Faire cuire jusqu'à évaporation totale. À l'aide d'un petit fouet, monter la sauce en y déposant le beurre peu à peu en ayant pris le soin auparavant de bien faire mousser la préparation. Quand la préparation sera homogène, verser la crème et remuer délicatement à feu très doux. Assaisonner. Conserver cette sauce au bain-marie jusqu'au moment de servir ou la préparer quelques minutes avant de déguster le plat.

Un chou de Savoie tranché et sauté à la poêle avec quelques petits morceaux de bacon fera fureur avec ce plat.

* Attention : ne pas préparer une raie qui dégage une forte odeur d'ammoniaque.

ROUGET

Jus à la tapenade

1/3 t. d'olives noires ou
   vertes dénoyautées
1 gousse d'ail hachée
3/4 t. d'huile d'olive vierge
1 filet d'anchois à l'huile

1 pincée de thym ou d'herbes
   de Provence
1 c. à thé de jus de citron
Sel et poivre

15 min

PRÉPARATION : Dans un petit bol à mixer, déposer les olives dénoyautées et l'ail haché. Monter avec l'huile d'olive. Y incorporer le filet d'anchois, le thym ou la pincée d'herbes aromatiques ainsi que le jus de citron. Mixer une deuxième fois et assaisonner. Faire chauffer lentement cette sauce au moment de servir afin qu'elle reste liée.

Servir avec des poivrons rouges et verts cuits au four avec un filet d'huile d'olive. Mieux encore, avec des poivrons grillés au BBQ.

* Le rouget est un petit poisson de roche : faire attention aux petites arrêtes.

SAINT-PIERRE

Pistou de roquette et tomates fraîches

1 tomate bien mûre
1/2 t. d'huile d'olive (divisée)
1 t. de roquette fraîche
1/4 t. de noix de pin grillées

2 c. à soupe de parmesan râpé
1 c. à thé de vinaigre de xérès
Sel et poivre
1 c. à soupe d'eau

15 min

PRÉPARATION : Couper la tomate en quartiers et la vider de sa pulpe. Diviser les pétales de chair en petit morceaux, les aromatiser d'huile d'olive. Saler et poivrer. Conserver au frais. Dans un bol à mixer, déposer la roquette fraîche, les noix de pin et le parmesan. Monter avec l'huile d'olive. Une fois la sauce homogène, ajouter le vinaigre de xérès, le sel et le poivre. Rectifier au besoin l'onctuosité de la sauce avec un peu d'eau. Au moment de servir, ajouter les petits dés de tomates marinés à l'huile d'olive.

Accompagner de lasagnes de légumes croquants parfumés à l'huile et au citron (courgettes, carottes, navets, poireaux en fines lanières).

* Selon la légende, les deux taches noires que l'on peut voir sur les flancs de ce poisson seraient dues au fait que saint Pierre l'aurait sorti de l'eau avec ses doigts.

SANGLIER (CUBES POUR CIVET)

Sauce au vin et baies de genièvre

Viande de sanglier en cubes
1 oignon haché
Carottes en rondelles
Filet d'huile d'olive
5 gousses d'ail écrasées
1 c. à thé de baies de genièvre

1 branche de thym
2 c. à soupe de pâte de tomates
4 t. de vin rouge
Sel et poivre
5 t. de fond de gibier
(voir recette page 98)

2 h 30 min

PRÉPARATION : Dans un grand sautoir, faire revenir les morceaux de viande de sanglier avec l'oignon et les carottes dans l'huile d'olive. Ajouter l'ail écrasé, les baies de genièvre et le thym. Remuer. Ajouter la pâte de tomates et recouvrir avec le vin. Saler et poivrer. Laisser mijoter 2 heures à feu doux. Terminer la cuisson en liant la sauce avec le fond de gibier. Rectifier l'assaisonnement.

* Le civet de sanglier est un plat extraordinaire en hiver, beaucoup de saveurs.

SARDINE

Sauce escabèche

1/2 t. d'huile d'olive
1/4 t. de vinaigre blanc
1 c. à thé d'échalote ciselée
1 quartier de citron

1 gousse d'ail écrasée
1 feuille de laurier
1 branche de thym frais
Sel et poivre

15 min

PRÉPARATION : Dans un récipient, verser l'huile d'olive et le vinaigre blanc, l'échalote et le quartier de citron légèrement pressé. Ajouter l'ail écrasé en un seul morceau, puis la feuille de laurier et le thym. Saler et poivrer. Conserver cette préparation au frais au moins 6 heures. Elle peut être réchauffée à la dernière minute ou servir de marinade froide.

Une salade de cœurs de laitue et de tomates bien mûres au xérès est tout indiquée avec ce plat.

* Les sardines se cuisent habituellement entières sur une plaque au four ou au BBQ, saupoudrées de gros sel.

SAUMON

Crème d'asperges et basilic

6 à 8 asperges vertes
    selon la grosseur
1 t. de bouillon de légumes
    (voir recette page 96)
1 noix de beurre

Sel et poivre
1/3 t. de crème à cuisson 15 %
1 c. à soupe de basilic
    frais finement haché

15 min

PRÉPARATION : Dans une casserole d'eau bouillante, faire blanchir les asperges 5 minutes. Les égoutter et laisser refroidir dans de la glace ou au frais. Dans une autre casserole, mettre à bouillir le bouillon de légumes avec le beurre. Ajouter les asperges préalablement coupées en rondelles. Saler et poivrer. Mixer. Verser la crème et ajouter le basilic. Laisser réduire la sauce environ 10 minutes à feu doux. Rectifier l'assaisonnement au moment de servir.

Accompagner d'asperges pochées. Quelques minis-maïs et tomates cerise feront bon ménage avec cette préparation.

* Nappé d'un pesto de basilic ou de tomates, le saumon sera facile à préparer. Placer au four 10 minutes à 200 °C / 400 °F. Un vrai délice!

SÉBASTE

Velouté de persil et paprika

1/2 c. à soupe d'échalote ciselée
2 c. à soupe de persil haché
2 c. à soupe de beurre
1 c. à thé de paprika

1 t. de fumet de poisson
(voir recette page 99)
1/2 t. de crème à cuisson 15 %
Sel et poivre

15 min

PRÉPARATION : Dans une casserole, faire revenir l'échalote et le persil dans le beurre. Ne pas faire colorer. Verser le fumet et amener à ébullition. Incorporer le paprika et remuer. Mixer la préparation, la passer et la remettre à cuire avec la crème. Saler et poivrer. Laisser mijoter 10 minutes à feu doux.

Un plat de lentilles cuites avec quelques petits oignons grelots relèveront le goût de ce plat.

* Le sébaste est parfait cuit en papillote au four 8 à 10 minutes 200 °C / 400 °F avec quelques petits légumes croquants.

SEICHE

Gaspacho au piment d'espelette

1/4 de concombre pelé
1/2 poivron rouge nettoyé
de ses pépins
1 c. à soupe de vinaigre
de vin rouge
Filet d'huile d'olive

3/4 t. de jus de tomate
Jus de 1 citron
1 c. à thé de sel de céleri
Sel et poivre
Piment d'espelette

10 min

PRÉPARATION : Dans un mélangeur, déposer le concombre et le poivron. Mixer avec le vinaigre de vin rouge et l'huile d'olive. Ajouter le jus de tomate et terminer avec le jus de citron et le sel de céleri. Saler et poivrer. Ajouter une pincée de piment d'espelette. Conserver au frais.

Servir la seiche bien chaude, accompagnée de la sauce gaspacho bien fraîche.

SOLE

Vinaigrette tiède à l'aneth et amandes grillées

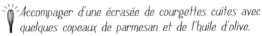

2 c. à soupe d'amandes effilées
1 noix de beurre
Jus de 1 citron
1 c. à soupe de vinaigre de xérès

1/2 t. d'huile d'olive
2 c. à soupe d'aneth haché
Sel et poivre

15 min

PRÉPARATION : Dans une poêle, faire revenir les amandes dans le beurre avec une pincée de sel. Dès coloration, déglacer avec le jus de citron. Retirer aussitôt la poêle du feu et y incorporer le vinaigre de xérès ainsi que l'huile d'olive. Faire tiédir cette vinaigrette et y ajouter en toute fin l'aneth haché. Assaisonner.

Accompager d'une écrasée de courgettes cuites avec quelques copeaux de parmesan et de l'huile d'olive.

* Simplement pochée dans un fumet de poisson au safran et enrobée autour d'un pic avec un assortiment de petits coquillages, la sole est un vrai régal.

SUPION

Jus de citron persillé

Supions
Filet d'huile d'olive
Jus de 1 citron
1 noix de beurre

1 gousse d'ail hachée
1 c. à soupe de persil haché
Sel et poivre
Filet d'eau

10 min

PRÉPARATION : Dans une poêle, faire revenir les supions (petits calmars) dans l'huile d'olive. Déglacer avec le jus de citron et ajouter aussitôt le beurre. Remuer. Compléter avec l'ail et le persil. Saler et poivrer et lier avec le filet d'eau.

Des poivrons rouges et verts seront succulents avec ce plat.

TAUREAU (CUBES À RAGOÛT)

Sauce de gardianne

4 t. de vin rouge
1 oignon haché
2 carottes en rondelles
1 feuille de laurier
1 branche de thym
6 tranches de bacon hachées

3/4 t. de vinaigre de vin rouge
5 gousses d'ail écrasées
Zeste de 1 orange
Zeste de 1 citron
Viande de taureau en cubes
Filet d'huile d'olive

2 h

PRÉPARATION : Mélanger tous les ingrédients dans un bol. Y faire mariner les morceaux de viande de taureau 24 heures au frais. Le lendemain, dans un sautoir, faire revenir les morceaux de viande dans l'huile d'olive. Ajouter le jus de marinade. Laisser cuire à feu doux 2 heures. Assaisonner.

Il s'agit ici d'un plat traditionnel camarguais à servir absolument avec du riz.

TELLINE

Jus de persillade au whisky

1 échalote ciselée
1 gousse d'ail hachée
Filet d'huile d'olive
Tellines

1/4 t. de whisky
1/4 t. de fumet de poisson
Sel et poivre
1 c. à soupe de persil haché

10 min

PRÉPARATION : Dans une poêle, faire revenir l'échalote et l'ail dans l'huile d'olive avec les tellines (petites coques). Faire flamber avec le whisky. Verser le fumet (ou de la crème à cuisson 15 %). Assaisonner et ajouter le persil. Laisser cuire 10 minutes.

Un simple plat de pâtes sautées à l'huile d'olive complétera ces coquilles pour en faire tout un plat !

* Attention, il peut y avoir un peu de sel à l'intérieur des tellines. Les faire dégorger avant préparation dans de l'eau fraîche additionnée de vinaigre de vin blanc pendant 30 minutes.

THON

Sauce tomate épicée et cornichons salés

1 oignon finement haché
Filet d'huile d'olive
1 c. à thé d'herbes de
    Provence
1 c. à thé de graines d'anis
2 tomates bien mûres

1/3 t. de cornichons au
    vinaigre en rondelles
1 c. à soupe de pâte de tomates
1/2 t. d'eau
Sel et poivre
1 c. à thé de sauce Tabasco

20 min

PRÉPARATION : Dans une casserole, faire revenir l'oignon dans l'huile d'olive avec les herbes de Provence et l'anis. À mi-cuisson, ajouter les morceaux de tomates fraîches ainsi que les cornichons. Déposer la pâte de tomates et recouvrir d'eau. Saler et poivrer. Laisser mijoter 15 minutes à feu moyen. Incorporer la sauce Tabasco.

Servir un plat de tagliatelles fraîches et y incorporer le thon en morceaux. Napper de sauce.

* Cette sauce est aussi délicieuse servie froide avec un thon grillé froid. Une salade gourmande 4 étoiles !

T

TILAPIA

Sauce citronnée au yogourt

3/4 t. de yogourt nature
Jus de 1 citron
1 gousse d'ail hachée
Sel et poivre

1 c. à soupe de ciboulette
   ciselée
1/2 c. à soupe d'échalote
   hachée
Filet d'huile d'olive

15 min

PRÉPARATION : Dans un bol à mélanger, verser le yogourt nature,
le jus de citron, l'ail, le sel et le poivre. Remuer avec un fouet.
Incorporer la ciboulette et l'échalote. Lier la sauce avec l'huile
d'olive. Réserver au frais au moins 1 heure avant de servir.

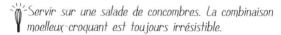

*Servir sur une salade de concombres. La combinaison
moelleux-croquant est toujours irrésistible.*

** Le tilapia est intéressant simplement poêlé au beurre et déglacé avec un jus
d'agrumes.*

TRUITE

Beurre d'agrumes et amandes grillées

2 c. à soupe d'amandes
   en bâtonnets grillées
3 c. à soupe de beurre (divisé)
1/4 t. de jus de citron

1/4 t. de jus d'orange
Sel et poivre
1 c. à thé de coriandre
   hachée

15 min

PRÉPARATION : Dans une casserole, faire revenir ou griller
les amandes dans une noix de beurre. Dès coloration, verser les
jus de citron et d'orange. Amener à ébullition et retirer du feu
aussitôt. Incorporer le beurre petit à petit en fouettant énergiquement. Saler et poivrer. Ajouter la coriandre hachée à la toute fin.
Conserver cette sauce mousseuse au bain-marie jusqu'au
moment de servir.

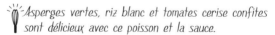

*Asperges vertes, riz blanc et tomates cerise confites
sont délicieux avec ce poisson et la sauce.*

** La truite entière, préalablement vidée et nettoyée, cuite au BBQ, accompagnée
de minis-poireaux grillés et d'une salade verte est excellente à déguster avec
ses doigts.*

TRUITE SAUMONÉE

Crème de chou-fleur

2 t. de chou-fleur ou le quart d'un chou-fleur entier	1 c. à soupe de beurre
1 t. de lait	1 t. de crème à cuisson 15 %
Sel et poivre	1 c. à thé d'estragon haché (facultatif)

20 min

PRÉPARATION : Faire pocher le chou-fleur dans une casserole d'eau bouillante jusqu'à mi-cuisson. Remplacer l'eau par le lait, saler et poivrer et remettre sur le feu pour terminer la cuisson. Mixer le chou-fleur cuit avec le beurre, la crème et l'estragon. Terminer de faire cuire cette crème à feu doux environ 10 à 15 minutes.

Verser sur un lit d'haricots verts ou de pois gourmands.

* Cousine du saumon, la truite saumonée est excellente en rillettes (truite écrasée à la fourchette, mayonnaise avec jus de citron et câpres).

TURBOT

Fine crème de shiitake

1/2 t. de champignons shiitake en morceaux	1 noix de beurre
1 c. à soupe d'échalote hachée	1/4 t. de lait
	Sel et poivre
	1/2 t. de crème à cuisson 15 %

20 min

PRÉPARATION : Dans une casserole, faire revenir les champignons et l'échalote dans le beurre. Ajouter le lait et faire cuire 5 minutes. Mixer la préparation et assaisonner. Incorporer la crème une fois la sauce filtrée et remettre sur le feu 10 à 15 minutes à feu doux. Pour une sauce plus légère, remplacer la crème par du lait.

Accompagner d'une purée ou d'une écrasée de topinambours. Le panais en purée est aussi un excellent choix.

* Pour assurer le succès de la cuisson de ce poisson, déposer les filets sur une plaque antiadhésive et faire cuire au four 10 minutes à 200 °C / 400 °F. Arroser d'un filet d'huile d'olive.

VEAU (CARRÉ)

Sauce à la crème et aux graines de moutarde

15 min

1 échalote hachée
1 noix de beurre
2 c. à soupe de moutarde
   à l'ancienne

3/4 t. de crème à cuisson 15 %
1/4 t. de fond de veau
Sel et poivre

PRÉPARATION : Dans une casserole, faire revenir l'échalote dans le beurre. Dès coloration, déposer la moutarde à l'ancienne et remuer avec une spatule de bois. Verser la crème et laisser réduire 10 minutes. Ajouter le fond de veau et assaisonner. Faire épaissir la sauce 5 minutes supplémentaires. Servir.

Accompagner le tout d'un gratin de pommes de terre et de tomates cuites au four ou d'asperges.

VEAU (CONTRE-FILET)

Sauce tomate et basilic

15 min

3/4 t. de feuilles de basilic
1/2 échalote ciselée
Filet d'huile d'olive

1 c. à soupe de pâte de tomates
4 tomates moyennes
Sel et poivre

PRÉPARATION : Faire revenir un court instant les feuilles de basilic et l'échalote dans l'huile d'olive. Déposer la pâte de tomates et les tomates fraîches préalablement coupées en morceaux. Assaisonner, mixer la préparation après 10 minutes de cuisson. Servir.

Une poêlée de champignons ainsi que quelques légumes verts seront très appréciés avec ce plat.

VEAU (CÔTELETTES)

Sauce miel et estragon

15 min

1 c. à soupe de miel
1 c. à soupe de moutarde
1 c. à soupe de beurre

2 t. de fond de veau
2 c. à soupe d'estragon haché
Sel et poivre

PRÉPARATION : Mélanger dans une casserole le miel, la moutarde et le beurre. Faire fondre à feu doux. Verser le fond de veau. Ajouter l'estragon. Saler et poivrer. Mixer la sauce après 15 minutes de cuisson.

Une mousseline de pommes de terre sera en harmonie.

VEAU (CUBES À BROCHETTES)

Marinade ananas et paprika

1 t. de jus d'ananas
Jus de 1 lime
1 c. à soupe de vinaigre
de cidre

1/3 t. d'huile d'olive
1 gousse d'ail hachée
1 c. à thé de paprika

5 min

PRÉPARATION: Verser tous les ingrédients dans un bol. Remuer et conserver au frais 1 heure avant de l'utiliser pour mariner la viande.

Un plat de riz sera excellent pour faire ressortir toutes les saveurs.

VEAU (CUBES À RAGOÛT)

Jus de veau à l'orange

1 c. à soupe de beurre
1 c. à soupe de sucre semoule
Jus de 1 orange

Zeste de 1 orange
1 t. de fond de veau
Sel et poivre

20 min

PRÉPARATION: Dans une casserole, faire fondre le beurre avec le sucre semoule. Remuer avec une spatule. Verser le jus d'orange et le zeste et laisser caraméliser à feu doux. Déposer le fond de veau et laisser mijoter 10 à 15 minutes à feu doux. Assaisonner.

Le riz blanc sera le parfait accord dans ce cas.

VEAU (ÉPAULE)

Jus de veau au cumin

2 gousses d'ail hachées
1 échalote hachée
1 c. à soupe de beurre
1/2 c. à soupe de cumin

3 c. à soupe de pâte de
tomates
2 t. de fond de veau
Sel et poivre

15 min

PRÉPARATION: Faire revenir dans une casserole l'ail et l'échalote dans le beurre. Ajouter le cumin ainsi que la pâte de tomates. Remuer. Verser le fond de veau. Laisser réduire la sauce 10 minutes. Filtrer. Assaisonner.

Une semoule de type couscous moyen sera excellente avec le veau et cette sauce.

VEAU (ESCALOPE)

Sauce moutarde et parmesan

1 c. à soupe de beurre
1/3 t. de parmesan râpé
2 c. à soupe de moutarde forte

1 t. de crème à cuisson 15 %
1 t. de fond de veau
Sel et poivre

15 min

PRÉPARATION : Faire fondre à feu doux le beurre avec le parmesan dans une casserole et verser aussitôt la moutarde forte. Ajouter la crème et laisser mijoter 10 minutes. Incorporer le fond de veau et assaisonner. Laisser cuire 5 minutes supplémentaires et servir.

Une poêlée de légumes mixtes parfumés avec un peu d'estragon frais sera fort intéressante.

VEAU (FILET)

Crème de morilles et poivre long

1/4 t. de morilles sèches
1 échalote hachée
1 noix de beurre
3/4 t. de crème à cuisson 15 %

Sel et poivre
1/4 t. de fond de veau
Poivre long

20 min

PRÉPARATION : Faire réhydrater les morilles dans de l'eau tiède. Prendre soin de leur enlever leurs sables. Dans une casserole, faire revenir les morilles et l'échalote dans le beurre. Verser la crème et laisser réduire pour infuser les arômes des champignons. Assaisonner. Laisser cuire 15 minutes puis ajouter le fond de veau et le poivre long avant de servir pour parfumer à souhait.

*Le poivre long, dit des Indes, offre un arôme unique à découvrir avec un parfum suave et non agressif.

VEAU (FOIE)

Jus de veau persillé

1 c. à soupe de beurre
2 c. à soupe de persil haché
1 c. à soupe de vinaigre de vin rouge

1 gousse d'ail finement hachée
3/4 t. de fond de veau
Sel et poivre

10 min

PRÉPARATION : Dans une poêle, faire légèrement revenir le beurre, le persil et l'ail. Déglacer avec le vinaigre de vin. Ajouter le fond de veau. Laisser mijoter cette sauce 10 minutes et assaisonner avant de servir.

Une simple laitue ou quelques rondelles de pommes de terre cuites au four seront un délice.

VEAU (HACHÉ)

Sauce rosée aux oignons

2 gros oignons finement
    émincés
Filet d'huile d'olive
2 c. à soupe de pâte de tomates

1 c. à soupe de vin blanc
Sel et poivre
1 t. de crème à cuisson 15 %

15 min

PRÉPARATION : Dans une casserole, faire revenir les oignons dans l'huile d'olive. Dès coloration, verser la pâte de tomates ainsi que le vin blanc. Saler et poivrer. Verser la crème et laisser réduire la sauce 5 minutes.

De savoureuses frites maison seront appréciées avec les oignons et la sauce rosée.

VEAU (JARRET)

Crème de carottes tomatée et coriandre

2 carottes en morceaux
1 gousse d'ail hachée
1 tomate bien mûre en dés
1 c. à soupe de pâte de
    tomates

1 c. à soupe de coriandre
    hachée
1 t. de crème à cuisson 15 %
1/3 t. de fond de veau
Sel et poivre

20 min

PRÉPARATION : Mettre à bouillir les carottes et l'ail. Retirer dès la fin de la cuisson. Dans une casserole, déposer la tomate, la pâte de tomates et la coriandre. Verser la crème à cuisson et ajouter les carottes et l'ail cuit. Mixer le tout. Ajouter le fond de veau et remettre à cuire à feu doux 10 minutes. Assaisonner.

Un assortiment de légumes cuits en pot-au-feu sera parfait.

VEAU (MÉDAILLON)

Crème d'herbes au parmesan

1 échalote ciselée
1 c. à soupe de basilic haché
1 c. à soupe d'estragon haché
1 c. à soupe de persil haché

1 c. à soupe de beurre
3 c. à soupe de parmesan râpé
1 t. de crème à cuisson 15 %
Sel et poivre

20 min

PRÉPARATION : Dans une casserole, faire revenir l'échalote, le basilic, l'estragon et le persil dans le beurre. Ajouter le parmesan et arroser avec la crème. Assaisonner et mixer la préparation. Filtrer avant de servir.

Une poêlée de courgettes citronnée sera un bel accord.

79
· · · · ·

VEAU (OSSO BUCO)

Jus de veau à l'orange sanguine

1 c. à soupe de beurre
1 c. à soupe de sucre semoule
Jus de 1 orange sanguine

1 branche de thym
1 t. de fond de veau
Sel et poivre

15 min

PRÉPARATION : Dans une casserole, faire fondre le beurre avec le sucre et attendre une légère caramélisation. Déglacer avec le jus d'orange et remuer avec une spatule. Ajouter la branche de thym et le fond de veau. Assaisonner. Filtrer la sauce avant de servir.

Un simple risotto sera parfait en accompagnement.

VEAU (POITRINE)

Sauce madère

INGRÉDIENTS : Voir la recette Sauce madère à la page 89.

15 min

PRÉPARATION : Voir la recette Sauce madère à la page 89.

Un assortiment de petits légumes farcis au veau haché sera exceptionnel.

VEAU (RIS)

Jus de veau citronné et échalotes caramélisées

Zeste de 1 citron
1 t. de jus de veau
Jus de 1 citron
1 branche de thym

Sel et poivre
2 t. d'échalotes hachées
2 c. à soupe de beurre

15 min

PRÉPARATION : Dans une casserole, faire infuser le zeste de citron dans le fond de veau. Ajouter le jus du citron et la branche de thym. Laisser mijoter 15 minutes. Assaisonner. Faire revenir les échalotes dans le beurre dans une casserole à feu doux environ 15 minutes. Faire revenir les échalotes avec le beurre dans une casserole à feu doux environ 15 minutes. Remuer et ne retirer qu'à caramélisation totale. Assaisonner.

Les échalotes caramélisées serviront d'accompagnement. Une sauce succulente.

VEAU (ROGNONS)

Sauce moutarde et porto

1 c. à soupe de beurre
1 c. à soupe de moutarde forte
1/3 t. de fond de veau

1/4 t. de porto
Sel et poivre
1/3 t. de crème à cuisson 15 %

PRÉPARATION : Mettre à fondre le beurre et la moutarde dans une casserole. Ajouter le fond de veau et le porto. Saler et poivrer. Incorporer la crème. Remuer et laisser mijoter 15 minutes à feu doux.

15 min

Quelques haricots verts seront parfaits avec ce plat savoureux.

VEAU (RÔTI)

Jus de veau aux lardons fumés et olives

3 tranches de bacon fumé
coupées en lardons
1 branche de thym
1/2 t. d'olives vertes
dénoyautées

1 t. de fond de veau
Sel et poivre
2 c. à soupe de beurre

PRÉPARATION : Dans un sautoir, faire revenir les petits lardons sans matière grasse avec la branche de thym et les olives. Verser le fond de veau et laisser mijoter 10 minutes. Assaisonner et monter la sauce avec le beurre au moment de servir.

15 min

faire sauter quelques pommes de terre avec des petits oignons grelots.

VEAU (SURLONGE)

Jus de viande aux amandes et fruits secs

1/3 t. de figues et d'abricots
secs en morceaux
2 c. à soupe d'amandes
entières grillées

1 c. à soupe de beurre
Sel et poivre
2 c. à soupe de cognac
1 t. de fond de veau

PRÉPARATION : Dans une poêle, faire revenir les fruits secs et les amandes dans le beurre. Assaisonner. Déglacer avec le cognac. Verser le fond de veau et laisser mijoter 10 minutes.

15 min

Des navets confits au four seront en harmonie.

VEAU (TOURNEDOS)

Crème de foie gras et huile de truffes

1 tranche de foie gras cru
  en morceaux
1/2 t. de crème à cuisson 15 %

1/3 t. de fond de veau
Sel et poivre
1 c. à thé d'huile de truffes

20 min

PRÉPARATION : Dans une casserole, faire revenir sans matière grasse le foie gras 5 minutes en remuant. Verser la crème ainsi que le fond de veau et assaisonner. Mixer la préparation et la filtrer. Faire réchauffer au moment de servir en y incorporant l'huile de truffes.

Une mousseline de pommes de terre sera parfaite ou une poêlée de pommes de terre rattes au beurre.

VIVANEAU

Citronnade et chorizo

Zeste haché de 1 citron
1 noix de beurre
1/4 t. de jus de citron
1/3 t. de bouillon de légumes
  (voir recette page 96)

2 c. à soupe de chorizo
  en rondelles
1 c. à thé de feuilles d'estragon
Sel et poivre

15 min

PRÉPARATION : Dans une poêle à feu vif, faire revenir délicatement le zeste de citron dans le beurre. Déglacer avec le jus de citron. Ajouter immédiatement le bouillon de légumes. Laisser réduire tout doucement et incorporer le chorizo et les feuilles d'estragon. Laisser le bouillon s'infuser de toutes les saveurs 10 minutes. Assaisonner.

Une purée de gourganes ou de pois cassés avec quelques rondelles de chorizo poêlé feront fureur avec cette préparation.

* Ce poisson sera une pure merveille cuit dans la poêle en même temps que la sauce est préparée. Un plat à succès en un tournemain!

Les classiques

Les sauces présentées dans cette section
existent depuis toujours...
ou presque, selon différentes variantes.

4 catégories de sauces passe-partout :
- les prêtes-à-servir;
- les émulsionnées;
- les fonds;
- les liaisons.

Sauce américaine

1 carotte en dés
1 oignon haché
Filet d'huile d'olive
1 branche de thym
1 branche de céleri en dés
1/2 kg (2,2 lb) d'étrilles
1/4 t. de cognac

2 tomates en dés
2 c. à soupe de pâte de tomates
1 t. de vin blanc
2 t. de fumet de poisson (voir recette page 99)
1 c. à soupe de beurre

PRÉPARATION : Dans une grande casserole, faire revenir la carotte et l'oignon dans l'huile d'olive. Rajouter la branche de thym et le céleri. Remuer et ajouter les étrilles. Dès la coloration, verser le cognac et faire flamber. Ajouter les tomates et la pâte de tomates. Verser le vin blanc. Faire mijoter 5 à 6 minutes. Incorporer le fumet de poisson. Cuire 45 minutes et filtrer en prenant soin de bien concasser les carcasses pour offrir un maximum de saveurs. Bien lier cette sauce avec un peu de beurre au moment de servir ou bien avec de la crème à cuisson 15 %. Assaisonner.

À servir avec tous les poissons et crustacés. Ira à merveille sur le riz.

Sauce barbecue

1 gros oignon haché
1 c. à soupe de moutarde forte
3 gousses d'ail écrasées
1 c. à soupe de miel
1/4 t. de vinaigre de vin rouge
1/4 t. de huile d'olive
2 c. à soupe de sauce Worcestershire

1 c. à soupe de pâte de tomates
2 t. de tomates concassées en conserve
2 pincées de piment de Tabasco
2 c. à soupe de sauce soya
Sel et poivre

PRÉPARATION : Déposer tous les ingrédients dans un bol et mélanger le tout environ 2 minutes. Cuire cette préparation pendant 1 heure à feu doux.

Une saveur mi-« tex-mex », mi-asiatique. Une authentique sauce nord-américaine pour travers et côtes levées de toutes les viandes.

Sauce béchamel

4 c. à soupe de beurre
3 c. à soupe de farine
2 t. de lait

1 pincée de sel
Poivre du moulin

10 min

PRÉPARATION : Dans une casserole, faire fondre le beurre à feu doux et ajouter la farine. À l'aide d'une spatule, remuer jusqu'à ce que le beurre et la farine forment une pâte. Verser peu à peu le lait et remuer sans arrêt pour éviter la formation de grumeaux. Saler et poivrer. Retirer du feu avant que la sauce n'épaississe trop.

La sauce béchamel est une base, entre autres pour les gratins. Il en existe de nombreux dérivés.

Sauce Bercy

1 échalote hachée
1 t. de fumet de poisson
   (divisé, voir recette p. 99)
1/4 t. de vin blanc
Jus de 1/2 citron

Sel et poivre
2 c. à soupe de beurre
2 c. à soupe de farine
2 c. à soupe de persil haché

15 min

PRÉPARATION : Faire revenir dans une petite casserole l'échalote dans 1 c. à soupe de fumet. Ne pas laisser colorer. Déglacer avec le vin blanc et le jus de citron. Saler et poivrer puis rajouter le reste du fumet de poisson. Mélanger le beurre et la farine (roux) puis ajouter peu à peu à la sauce. Monter la sauce au fouet. Terminer en ajoutant le persil haché.

Sauce parfaite pour napper les poissons blancs. Excellente versée sur les poissons pour cuisson au four.

Sauce bolognaise

1/2 kg (2,2 lb) de bœuf haché
Filet d'huile d'olive
3 gousses d'ail
1 branche de céleri émincée
1 gros oignon finement haché
1/2 carotte en dés
1 branche de thym

1 feuille de laurier
1 c. à soupe d'origan
3 c. à soupe de pâte de tomates
1/3 t. de vin rouge
4 tomates mûres ou 1 1/2 t. de
   tomates en conserve
Sel et poivre

1 h 30 min

PRÉPARATION : Dans une casserole, faire revenir le bœuf haché dans l'huile d'olive. Ajouter l'ail, le céleri, l'oignon et la carotte et faire revenir. Parfumer la préparation avec le thym, le laurier et l'origan. Déposer la pâte de tomates, le vin rouge et les tomates. Rajouter un peu d'eau et laisser frémir un peu plus de 1 heure à feu doux.

Servir avec des spaghettis, bien sûr!

Sauce bordelaise

2 échalotes hachées finement
2 c. à soupe de beurre (divisé)
1 t. de vin rouge

1 c. à soupe de farine
1 c. à thé de thym moulu
Sel et poivre

20 min

PRÉPARATION : Faire revenir les échalotes avec une noix de beurre. Verser le vin rouge (de préférence un Bordeaux bien sûr), et laisser réduire. Préparer le roux (voir la recette à la page 101) avec le reste du beurre et la farine. À l'aide d'un fouet, déposer le roux dans la réduction de vin et monter le tout doucement à feu doux, 15 minutes environ. Ajouter le thym, saler et poivrer.

 Les onglets et bavettes s'en réjouissent!

Sauce charcutière

3 échalotes hachées
2 c. à soupe de beurre
2 c. à soupe de cornichons
   salés en rondelles
1/2 t. de vin blanc

1 c. à soupe de pâte de tomates
1 c. à soupe de moutarde
Sel et poivre
1 pincée de persil haché
1 trait de fond brun (facultatif)

20 min

PRÉPARATION : Dans une casserole, faire revenir les échalotes dans le beurre. Ne pas attendre la coloration. Ajouter les cornichons. Déglacer avec le vin blanc et ajouter la pâte de tomates et la moutarde. Assaisonner. Remuer le tout à feu doux environ 15 minutes. Terminer avec le persil et un trait de fond brun, au besoin.

 Sauce par excellence avec le porc.

Sauce chasseur

3 échalotes hachées
1/2 t. de champignons blancs
   émincés
2 c. à soupe de beurre
1 c. à soupe d'estragon frais
   haché

1/3 t. de vin rouge
2 t. de fond de gibier
   (voir recette page 98)
ou de veau
1/4 t. de crème à cuisson 15 %
Sel et poivre

25 min

PRÉPARATION : Dans une casserole, faire revenir délicatement les échalotes et les champignons dans le beurre. Ne pas faire colorer. Ajouter l'estragon et déglacer avec le vin rouge. Dès ébullition, retirer et mixer le tout. Remettre la préparation à cuire avec le fond de gibier ou de veau et laisser réduire à feu doux 15 minutes. Terminer la cuisson avec la crème. Saler et poivrer.

Tous les plats de gibier en raffolent, servis avec divers légumes du potager.

Sauce citron rapide

1 c. à soupe de farine
1 c. à soupe de beurre
Jus de 1 citron
2 jaunes d'œufs

1/4 t. de crème à cuisson 15 %
Sel et poivre
1 c. à soupe de ciboulette
   hachée

10 min

PRÉPARATION : Mélanger la farine avec le beurre pour réaliser le roux. Faire bouillir le jus de citron et le verser sur le roux en remuant avec un fouet. Dans un petit bol, battre les jaunes d'œufs avec la crème et incorporer dans la sauce. Assaisonner et ajouter la ciboulette.

Une réussite assurée sur les poissons et les volailles.

Sauce Grand veneur

2 c. à soupe de gelée de groseilles
1/4 t. de crème à cuisson 15 %
2 t. de sauce poivrade (voir recette à la page 90) ou fond de gibier
   (voir recette page 98)
Sel et poivre

20 min

PRÉPARATION : Délayer la gelée de groseilles et la crème dans la sauce poivrade ou tout simplement dans un fond de gibier. Lier le tout et assaisonner.

Simple et facile à réaliser, la sauce Grand veneur ira à merveille avec un gros gibier et une pièce de viande rouge. Une pure merveille avec des pommes de terre cuites au four et des oignons caramélisés.

Sauce madère

1 portobello ou 2 champignons
   café émincés
1 c. à soupe de beurre (divisé)
1/4 t. de madère

1 t. de fond de gibier
   (voir recette page 98)
Sel et poivre

15 min

PRÉPARATION : Faire revenir les champignons dans une noix de beurre. Déglacer avec le madère. Avant évaporation de l'alcool, ajouter le reste du beurre et le fond du gibier. Assaisonner et laisser mijoter quelques minutes pour épaissir la sauce.

Avec un filet de bœuf, le succès est assuré!

Sauce Mornay

3 c. à soupe de beurre
2 c. à soupe de farine
3 t. de lait
1 jaune d'œuf

1 t. de fromage emmental râpé
1 pincée de noix de muscade
Sel et poivre

15 min

PRÉPARATION : Dans un bol, mélanger le beurre et la farine pour obtenir une pâte. La déposer dans une casserole et incorporer petit à petit le lait préalablement chauffé. Remuer avec un fouet. Incorporer le jaune d'œuf dans la préparation, puis le fromage. Remuer. Ajouter la muscade, le sel et le poivre.

Succulent pour les gratins de légumes ou tout simplement pour les croque-monsieur.

Sauce pesto

1/2 gousse d'ail hachée
1/3 t. de basilic frais
1/4 t. de noix de pin grillées
    légèrement

1/3 t. de parmesan râpé
1/2 t. d'huile d'olive
1/2 gousse d'ail hachée
Sel et poivre

15 min

PRÉPARATION : Mixer l'ail et le basilic. Incorporer les noix de pin et le parmesan. Verser l'huile d'olive pour terminer de monter cette préparation. Assaisonner.

Chaud ou froid, le pesto est toujours séduisant. Il saura s'harmoniser avec les poissons comme le saumon, avec la volaille, mais aussi avec les légumes et les pâtes.

Sauce poivrade

1/2 carotte hachée
1 échalote hachée
Filet d'huile d'olive
Soupçon de cognac
1 branche de thym

2 t. de fond de veau
2 c. à soupe de poivre vert
1 noix de beurre
1 pincée de piment de cayenne
1 pincée de poivre rose

15 min

PRÉPARATION : Dans une casserole, faire revenir la carotte et l'échalote dans l'huile d'olive. Déglacer avec le cognac. Ajouter la branche de thym et le fond de veau. Laisser mijoter 10 minutes puis filtrer. Faire revenir le poivre vert dans le beurre. Ajouter le piment de cayenne et le poivre rose. Laisser cuire à feu doux 5 minutes supplémentaires.

Servir avec les grillades et les viandes rouges accompagnées de légumes grillés.

Sauce ravigote

30 min

1 échalote finement hachée
1/2 t. de vinaigre de vin blanc
1/2 t. de vin blanc
2 t. de fond blanc de veau lié
1 c. à soupe de persil haché

1 c. à soupe de ciboulette
  hachée
1 c. à soupe d'estragon haché
Sel et poivre
3 c. à soupe de beurre

PRÉPARATION : Dans une casserole, placer l'échalote, le vinaigre de vin et le vin. Faire réduire de moitié. Ajouter le fond blanc de veau lié. Laisser mijoter 10 minutes et ajouter le persil, la ciboulette et l'estragon. Assaisonner. À l'aide d'un fouet, monter la sauce avec le beurre.

Servir avec la tête de veau, bien sûr, mais également avec un pot-au-feu.

Sauce tapenade

15 min

1 tomate fraîche en dés
1 c. à soupe de ciboulette
  ciselée
1/3 t. d'huile d'olive
3 gousses d'ail écrasées

1/2 t. de mélange d'olives
  vertes et noires dénoyautées
1 c. à thé de câpres
4 filets d'anchois
Filet d'huile d'olive

PRÉPARATION : Dans un bol, placer la tomate fraîche, la ciboulette et l'huile d'olive. Laisser mariner. Mixer les olives, l'ail, les câpres et les anchois jusqu'à former une purée. Monter à l'huile d'olive. Faire cuire à feu doux et ajouter la tomate et la ciboulette marinées.

Servir avec les fritures de poissons et les pâtes fraîches.

LES ÉMULSIONNÉES

Aïoli

3 gousses d'ail écrasées
1 c. à thé de moutarde
1 jaune d'œuf
1/2 t. d'huile d'olive
Sel et poivre

6 min

PRÉPARATION : Dans un bol, mélanger l'ail, la moutarde et le jaune d'œuf. Monter à la main l'aïoli en incorporant l'huile d'olive en légers filets jusqu'à l'obtention d'une mayonnaise épaisse. Assaisonner.

On peut rajouter à cette recette une petite pomme cuite à la vapeur en l'écrasant.

Beurre blanc

1 échalote ciselée
1/4 t. de vin blanc
Jus de 1 citron

3/4 t. de beurre
Sel et poivre

20 min

PRÉPARATION : Dans une casserole, mettre à bouillir échalote, vin blanc et jus de citron jusqu'à l'évaporation aux deux tiers des liquides. À l'aide d'un fouet, incorporer le beurre, morceau par morceau. Remuer jusqu'à l'obtention d'une sauce mousseuse et onctueuse. Filtrer la préparation et conserver au bain-marie jusqu'au service. Assaisonner.

* L'essayer c'est l'adopter! Ajouter 1 c. à soupe de crème double ou de crème 35 % pour obtenir un succulent beurre nantais, une sauce passe-partout avec tous les poissons.

Mayonnaise

2 jaunes d'œufs
1/2 c. à soupe de moutarde
1 t. d'huile de colza

Sel et poivre
Quelques gouttes de vinaigre
blanc

8 min

PRÉPARATION : À l'aide d'un batteur électrique ou d'un fouet, mélanger les jaunes d'œufs avec la moutarde et verser l'huile par petits filets. Assaisonner. Ajouter le vinaigre à la préparation en toute fin.

* Conserver au frais. La mayonnaise constitue la base de nombreuses sauces émulsionnées.

Sauce béarnaise

1 échalote hachée
1/2 t. de vinaigre de vin rouge
3 c. à soupe d'estragon
   frais haché

5 jaunes d'œufs
3/4 t. de beurre
Sel et poivre

25 min

PRÉPARATION : Dans une casserole, déposer le vinaigre de vin, l'échalote et l'estragon. Laisser réduire au deux tiers. Dans un saladier de métal à fond rond, déposer les jaunes d'œufs et la réduction. Placer sur une casserole remplie d'eau en ébullition, donc en bain-marie. Fouetter en incorporant le beurre morceau par morceau. Attendre que la sauce soit épaissie avant de la retirer du bain-marie. Assaisonner.

* Le bœuf et les volailles en raffolent, les poissons aussi.

Sauce cocktail

1/2 t. de mayonnaise
   (voir recette page 92)
1 c. à soupe de ketchup

2 c. à soupe de cognac
5 gouttes de sauce Tabasco

5 min

PRÉPARATION : Dans un bol, mélanger la mayonnaise, le ketchup et le cognac. Assaisonner avec la sauce Tabasco. Remuer. Conserver au frais.

La sauce cocktail est exquise avec les fruits de mer, mais tout aussi agréable dans les sandwichs.

Sauce curry

2 oignons jaunes hachés
1 gousse d'ail écrasée
1 noix de beurre
1 c. à soupe d'huile d'olive

2 c. à soupe de curry (divisé)
1/2 t. de vin blanc
Sel et poivre
1/2 t. de crème à cuisson 15 %

25 min

PRÉPARATION : Mixer l'oignon et l'ail en purée. À feu doux, faire revenir dans le beurre et l'huile. Déposer 1 c. à soupe de curry et remuer. Verser aussitôt le vin blanc et assaisonner. Passer la sauce et remettre à cuire avec la crème et le reste du curry. Monter doucement la sauce à feu doux à l'aide d'un fouet.

Les œufs et le riz raffolent de cette sauce qui est aussi succulente avec les volailles et les poissons pochés.

Sauce dijonnaise

4 jaunes d'œufs cuits durs
2 c. à soupe de moutarde forte
3/4 t. d'huile de colza

Jus de 1 citron
Sel et poivre

5 min

PRÉPARATION : Déposer tous les ingrédients (sauf l'huile) dans un mixeur pour créer une purée. Verser l'huile en 2 fois et monter le tout comme une mayonnaise. Conserver au frais.

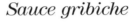 *Idéal pour tous les rôtis de viande froide.*

Sauce gribiche

3 œufs cuits durs
1 c. à soupe de moutarde forte
Sel et poivre
1 c. à soupe de cornichons
    au vinaigre hachés

1/4 t. d'huile d'olive
1 c. à soupe de câpres hachées
1 c. à soupe de ciboulette ou
    de persil haché

15 min

PRÉPARATION : Couper les œufs durs en deux et hacher le blanc de l'œufs Dans un saladier, déposer la moutarde et les jaunes d'œufs. Saler et poivrer, puis monter la préparation à l'huile d'olive à l'aide d'un fouet, tout comme une mayonnaise. En toute fin, rajouter les condiments et le blanc d'œuf haché. Conserver au frais.

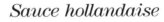 *Sauce très parfumée et facile à réaliser. Intéressante avec le thon grillé, le saumon et les sandwichs.*

Sauce hollandaise

6 jaunes d'œufs
9 c. à soupe d'eau
1 t. de beurre clarifié
    (voir recette page 99)

Sel et poivre
Jus de 1/2 citron

20 min

PRÉPARATION : Dans une grande casserole ou dans une sauteuse à fond rond, déposer les jaunes d'œufs et l'eau. À l'aide d'un fouet, remuer le tout énergiquement et monter la préparation à feu doux. Retirer dès les premiers signes d'épaississement. Verser le beurre clarifié par petits filets et continuer de monter la sauce avec le fouet jusqu'à ce qu'elle soit bien homogène. Assaisonner et incorporer le jus du citron en toute fin de préparation.

* Il est important de cuire cette sauce à feu doux, surtout sans aucune ébullition. N'hésitez pas à rajouter quelques gouttes d'eau si la préparation est trop épaisse.

 *Servir avec les poissons et les œufs pochés, bien sûr!*

Sauce rouille

1 pomme de terre moyenne
   bouillie
5 gousses d'ail
1 c. à thé de harissa
4 jaunes d'œufs

1/2 c. à soupe de pâte de
   tomates
3/4 t. d'huile d'olive
1 pincée de piment en poudre
Sel et poivre

15 min

PRÉPARATION : Dans un bol à mixer, déposer la pomme de terre cuite et les gousses d'ail pour obtenir une purée. Ajouter le harissa, les jaunes d'œufs ainsi que la pâte de tomates. Monter la sauce délicatement avec l'huile. Ajouter le piment en poudre, le sel et le poivre.

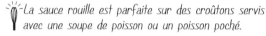 *La sauce rouille est parfaite sur des croûtons servis avec une soupe de poisson ou un poisson poché.*

Sauce tartare

2 jaunes d'œufs cuits durs
1 c. à soupe d'estragon
Sel et poivre
1 t. d'huile de colza
1 c. à soupe de persil haché
1 c. à soupe de câpres hachées

1 c. à soupe de moutarde
1 c. à thé de cornichons
   au vinaigre
1 c. à thé d'échalote hachée
1 c. à soupe de vinaigre blanc

15 min

PRÉPARATION : Dans un saladier, déposer les jaunes d'œufs ainsi que la moutarde. Battre avec un fouet. Saler et poivrer. Verser délicatement l'huile et monter la sauce. Ajouter le persil, les câpres, l'estragon, les cornichons et l'échalote. Rectifier l'assaisonnement. Ajouter le vinaigre. Remuer. Conserver au frais.

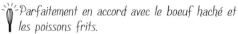 *Parfaitement en accord avec le boeuf haché et les poissons frits.*

Sauce vinaigrette

1 c. à soupe de vinaigre de vin
   rouge ou de jus de citron
1/2 t. d'huile d'olive
1 gousse d'ail écrasée

1/2 c. à soupe d'herbes
   fraîches, au choix
Soupçon de miel
Sel et poivre

5 min

PRÉPARATION : Mélanger tous les ingrédients et conserver au frais. Le secret des vinaigrettes réside dans la fraîcheur. Confectionner seulement la quantité nécessaire. Ne pas stocker inutilement.

* La base de cette recette sans fin est matière grasse + acide (vinaigre, citron etc.); on peut lui substituer tous les ingrédients à notre goût.

LES FONDS

Bouillon de légumes

1 carotte émincée
1 poireau émincé
1 tomate fraîche en dés
1 oignon émincé
1 gousse d'ail

1 branche de thym
1 branche de céleri émincée
1 branche de persil
8 t. d'eau
2 feuilles de laurier

2 h

PRÉPARATION : Déposer tous les ingrédients dans une grande casserole et recouvrir d'eau. Cuire à couvercle fermé pendant 2 heures à feu doux. Saler, poivrer et filtrer. Conserver au frais.

Fond blanc de veau

1 kg (2,2 lb) d'os de veau
   concassés (chez le boucher)
2 carottes émincées
2 oignons émincés
2 gousses d'ail écrasées

2 poireaux émincés
1 branche de thym
2 branches de céleri émincées
2 clous de girofle
8 à 12 t. d'eau

3 h

PRÉPARATION : Dans une grande marmite, déposer les os de veau et recouvrir à hauteur, plus 5 cm (2 pouces) d'eau. Porter à ébullition et laisser bouillir 5 minutes. Écumer les particules en surface au fur et à mesure. Ajouter tous les autres ingrédients. Refaire frémir 5 minutes de plus. À feu doux, laisser cuire le fond 2 à 3 heures en écumant la surface du bouillon toutes les 10 à 15 minutes. Passer le tout et conserver au frais.

Fond blanc de volaille

1 poulet moyen
2 carottes émincées
2 poireaux émincés
2 oignons émincés
1 branche de thym

1 branche de céleri émincée
1 gousse d'ail
1 clou de girofle
12 t. d'eau
Sel et poivre

1 h 30 min

PRÉPARATION : Déposer le poulet dans une grande marmite. Le recouvrir d'eau et amener à ébullition. Écumer la surface régulièrement. Une fois à ébullition, ajouter les légumes. Saler et poivrer. Laisser cuire le bouillon lentement en écumant régulièrement environ 1 h 30. Filtrer et refroidir la préparation.

Fond brun de veau

1 kg (2,2 lb) d'os de veau
  concassés (chez le boucher)
Filet d'huile d'olive
2 carottes émincées
2 oignons émincés
2 gousses d'ail écrasées

3 tomates en dés
2 c. à soupe de pâte
  de tomates
1 branche de thym
1 feuille de laurier
8 à 12 t. d'eau

2 h 30 min

PRÉPARATION: Dans une plaque haute de cuisson pouvant aller au four, faire rôtir à plus de 200 °C / 400 °F les os concassés arrosés d'huile d'olive environ 20 à 25 minutes. Pendant ce temps, faire revenir le reste des ingrédients jusqu'à coloration et y rajouter les os rôtis. Recouvrir d'eau à hauteur et laisser mijoter à feu moyen environ 2 h 30. Écumer régulièrement pour retirer le surplus de graisse. Filtrer et laisser refroidir au frais.

Fond brun de veau lié

1 t. de fond brun de veau
1/2 c. à soupe de fécule
  de maïs
3 c. à soupe de vin blanc ou
  de porto

1 noix de beurre
Sel et poivre

10 min

PRÉPARATION: Dans une casserole, amener le fond de veau à ébullition. Délayer la fécule dans le vin ou le porto et verser petit à petit dans le fond en ébullition tout en remuant avec un fouet. Dès coagulation, baisser l'intensité du feu et lier avec le beurre. Saler et poivrer.

Fond d'agneau

1 kg (2,2 lb) de carcasses et
  d'os d'agneau
2 carottes émincées
2 oignons émincés
2 c. à soupe de tomates
  concassées
2 gousses d'ail écrasées

1 branche de thym
1 branche de céleri émincée
1 c. à thé de poivre rose
  ou baies
4 t. de vin rouge
8 à 12 t. d'eau
Sel et poivre

3 h

PRÉPARATION: Même recette de base que le fond de gibier (voir recette page 98). Remplacer seulement les os de gibier concassés par ceux d'agneau.

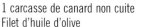

Fond de canard

1 carcasse de canard non cuite
Filet d'huile d'olive
1 poireau
1 branche de thym
1 branche de céleri
1 tomate fraîche

1 c. à soupe de tomates
  concassées
1 oignon haché
1 carotte
1 t. de vin rouge
Sel et poivre

2 h

PRÉPARATION : Dans une plaque à rôtir, cuire la carcasse de canard coupée en gros morceaux arrosée d'un filet d'huile d'olive au four à 200 °C / 400 °F 15 minutes. Dans une grande casserole, faire revenir la carcasse et les légumes. Verser le vin et recouvrir le tout d'eau froide à hauteur. Assaisonner. Laisser mijoter 2 heures à feu doux et dégraisser l'écume tout au long de la cuisson. Filtrer et réserver au froid. Attention : le lendemain, une couche épaisse de gras apparaîtra en surface. La retirer et faire cuire ou réduire pour son utilisation finale.

Fond de gibier

1 kg (2,2 lb) de carcasses
  et d'os de gibier
2 carottes émincées
2 oignons émincés
2 c. à soupe de tomates
  concassées
2 gousses d'ail

1 branche de thym
1 branche de céleri
Filet d'huile d'olive
4 t. de vin rouge
1 c. à thé de poivre rose
  ou baies
Sel et poivre

3 h

PRÉPARATION : Dans une plaque à rôtir, placer les carcasses et les os du gibier en morceaux. Cuire au four 15 minutes à 200 °C / 400 °F. Une fois rôtis, placer les os dans une grande casserole et faire revenir avec les légumes dans l'huile d'olive. Dès coloration, verser le vin rouge. Attendre une légère évaporation de l'alcool, soit environ 3 minutes. Assaisonner. Recouvrir d'eau à hauteur et laisser frémir à feu doux environ 3 heures. Écumer tout au long de la cuisson. Filtrer et laisser reposer.

Fumet de crustacés

1/2 kg (1 lb) de carcasses
  de crustacés
1 oignon en dés
1 branche de céleri en dés
1 carotte en dés
1/4 t. de brandy

1 tomate fraîche concassée
1 c. à soupe de pâte de
  tomates
1/2 t. de vin blanc
1 branche de thym
4 t. d'eau

1 h

PRÉPARATION : Dans une grande casserole, faire revenir à coloration les carcasses de crustacés. Déposer l'oignon, la carotte et le céleri et faire revenir le tout. Faire flamber la préparation en versant du brandy puis rajouter la tomate et la pâte de tomates. Terminer avec le vin blanc et le thym. Laisser frémir 15 minutes. Recouvrir d'eau et cuire 45 minutes à feu doux. Filtrer puis conserver au frais.

Fumet de poisson

1 gros oignon haché
1 carotte en dés
3 c. à soupe de beurre
1/2 kg (1 lb) d'arêtes de
   poisson

1 branche de thym
1 branche de persil
1 branche de céleri en dés
1 t. de vin blanc
4 t. d'eau

1 h

PRÉPARATION : Dans une casserole, faire revenir l'oignon et la carotte dans le beurre. Ajouter les arêtes de poisson. Remuer. Ajouter le thym, le persil et le céleri. Déglacer avec le vin blanc. Recouvrir avec l'eau et laisser frémir à feu doux environ 1 heure. Écumer tout au long de la cuisson. Laisser reposer.

LES LIAISONS

Beurre clarifié

INGRÉDIENT : 1 t. de beurre

PRÉPARATION : Dans une casserole, faire fondre et laisser mijoter le beurre. Quelques minutes suffisent pour voir monter le petit lait en surface. Retirer celui-ci délicatement avec une cuillère. Laisser reposer le beurre débarrassé du petit lait pour utilisation future.

10 min

Le beurre clarifié est excellent pour les liaisons car le beurre est déjà fondu. Il parfumera également une purée de pommes de terre.

Beurre d'anchois

1 c. à soupe d'anchois à l'huile
Quelques gouttes de jus de citron
2 c. à soupe de beurre

10 min

PRÉPARATION : Dans un bol à mélanger, mixer les anchois avec le jus de citron. Ajouter le beurre pour obtenir une pommade.

L'utilisation du beurre d'anchois sur des grillades de poissons est exquise de même que sur le riz, les pâtes et les coquillages cuits au four.

LES LIAISONS

Beurre de crustacés

2 t. de carapaces de divers
  crustacés (ex. : homard,
  langoustines)
1 t. de beurre (divisé)

Sel et poivre
1 c. à soupe de cognac
1 c. à thé de pâte de tomates

30 min

PRÉPARATION : Dans une casserole, faire revenir la carapace de crustacés avec une noix de beurre. Saler et poivrer. Déglacer rapidement avec le cognac. Ajouter la pâte de tomates puis le beurre. Laisser mijoter à feu doux 25 minutes. Retirer et laisser reposer au frais.

Ce beurre servira à lier les sauces destinées aux poissons et fruits de mer. Ne pas hésiter à l'utiliser pour aromatiser le riz et les pâtes.

Beurre maître d'hôtel

2 c. à soupe de beurre
1/2 c. à soupe de persil haché
Quelques gouttes de jus de citron
Sel et poivre

6 min

PRÉPARATION : Mixer l'ensemble des ingrédients et conserver au frais.

Excellent pour lier de nombreux parfums, potages, sauces et veloutés ainsi qu'une poêlée de légumes.

* Le beurre maître d'hôtel est facile à conserver au congélateur en petits boudins ou dans un moule à glaçons.

Beurre manié

1 c. à soupe de beurre ramolli
1 c. à soupe de farine

10 min

PRÉPARATION : Mélanger le beurre à la farine tout simplement.

* Le beurre manié épaissit très rapidement une sauce; attention de bien fouetter la préparation à laquelle vous ajouterez du beurre manié car quelques petits grumeaux pourraient se former.

Roux blanc

2 c. à soupe de beurre
2 c. à soupe de farine

PRÉPARATION : Dans une casserole, faire fondre le beurre à feu doux. Ne pas attendre la coloration et ajouter la farine. Bien mélanger le tout avec une spatule.

5 min

Les sauces de dernière minute

Du persil? De l'ail? Des œufs?

Peu importe...

Nous avons pour vous des recettes délicieuses

à réaliser en un tournemain.

AIL

Beurre à l'ail

5 min

1/2 t. de beurre
6 gousses d'ail écrasées

1 c. à soupe de persil haché
Sel et poivre

PRÉPARATION : À petit feu, faire fondre le beurre dans une casserole avec l'ail et le persil. Laisser mijoter 10 minutes environ. Assaisonner.

Toujours aussi séduisant avec les fruits de mer.

AUTRES RECETTES :
- Aïoli (page 92)
- Crème de coriandre à l'ail (page 53)
- Fond blanc de volaille (page 96)
- Fondue de beurre à l'ail et à la ciboulette (page 38)
- Jus à la tapenade (page 69)
- Jus d'herbes torréfié (page 37)
- Jus de thym à l'ail confit (page 14)
- Mayonnaise légèrement aillée (page 27)
- Sauce barbecue (p. 86)
- Sauce rouille (page 95)
- Sauce tapenade (page 91)

ANCHOIS MARINÉS

Vinaigrette anchoïade

10 min

1/2 t. d'huile d'olive
1/3 t. d'anchois marinés
3 gousses d'ail écrasées
1 c. à soupe de vinaigre de vin rouge
1 pincée de poivre

PRÉPARATION : Déposer les ingrédients dans un robot culinaire et mixer. Assaisonner.

Cette sauce aura un franc succès avec les trempettes de légumes.

AUTRES RECETTES :
- Anchoïade à l'œuf dur (page 18)
- Beurre d'anchois (page 99)
- Jus à la tapenade (page 69)
- Sauce tapenade (page 91)

ASPERGES

Pesto d'asperges

1 petite botte d'asperges vertes
1/3 t. de parmesan râpé
1/3 t. d'huile d'olive

3 c. à soupe de noix de pin
  grillées
Sel et poivre

10 min

PRÉPARATION : Faire cuire les asperges à la vapeur ou les pocher 2 à 3 minutes. Mixer avec le parmesan, l'huile et les noix de pin. Assaisonner.

Excellent en tartinade sur biscuits ou croûtons.

AUTRE RECETTE :
* Crème d'asperges et basilic (page 70)

AVOCAT

Salsa aux avocats

1 avocat bien mûr
Jus de 1 lime
1/3 t. d'huile d'olive

1 c. à thé de coriandre hachée
Filets d'eau
Sel et poivre

15 min

PRÉPARATION : Retirer la peau et le noyau de l'avocat. Mixer dans un bol à mélanger avec le jus de lime, l'huile d'olive et la coriandre. Terminer cette sauce avec quelques filets d'eau. Assaisonner.

Voilà une sauce vinaigrette très goûteuse en été qui sera en parfait accord avec de nombreux fruits de mer.

BACON

Vinaigrette au bacon

5 tranches de bacon
1 gousse d'ail écrasée
1/3 t. d'huile d'olive

2 c. à soupe de vinaigre de
  vin rouge
Sel et poivre

15 min

PRÉPARATION : Dans une poêle, faire revenir le bacon et l'ail. Faire caraméliser. Mixer avec la graisse de la cuisson du bacon, l'huile d'olive et le vinaigre de vin. Assaisonner.

Un vrai délice comme vinaigrette pour une salade à base de viande. Les amoureux de crème sûre pourront en ajouter 1 c. à soupe à la vinaigrette avant de l'utiliser.

AUTRES RECETTES :
- Bouillon de lard et thym (page 21)
- Crème de panais au bacon fumé (page 42)
- Huile de bacon (page 46)

BANANE

Sauce créole

2 c. à soupe de crème
   à cuisson 15 %
1/3 t. de lait de noix de coco

1 banane mûre en petits
   morceaux
Sel et poivre

10 min

PRÉPARATION : Dans une casserole, faire bouillir la crème avec le lait de noix de coco. Ajouter la banane. Laisser mijoter 10 minutes à feu doux. Mixer le tout. Assaisonner.

Une sauce merveilleuse avec le filet mignon de porc.

BASILIC

Pesto de basilic

1 t. de basilic frais
1 t. d'huile d'olive
1/2 t. de parmesan râpé

1/2 t. de noix de pin grillées
6 gousses d'ail écrasées
Sel et poivre

10 min

PRÉPARATION : Mixer tous les ingrédients en ajoutant peu à peu l'huile d'olive. Assaisonner. La sauce doit être bien homogène.

Les riz et les pâtes, les volailles ainsi que les poissons font bon ménage avec cette sauce passe-partout.

AUTRES RECETTES :
- Crème au chèvre frais et tomates confites (page 42)
- Crème d'asperges et basilic (page 70)
- Sauce pesto (page 90)

BÉBÉS CAROTTES

Émulsion de lait aux bébés carottes

3/4 t. de bébés carottes
1 t. de lait

Sel et poivre
1 jaune d'œuf

15 min

PRÉPARATION : Dans une casserole, faire cuire les bébés carottes dans l'eau bouillante au trois quarts de la cuisson. Terminer la cuisson des carottes dans le lait. Assaisonner et faire cuire

10 minutes à feu doux. Mixer avec le jaune d'œuf, ce qui donnera une superbe émulsion.

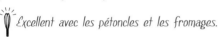 *Un vrai plaisir de douceur avec les filets de poissons fins.*

BETTERAVE ROUGE

Caramel de betteraves

1 betterave moyenne cuite, en dés
3 c. à soupe de miel

1/2 t. de jus d'orange
1 c. à soupe de vinaigre de vin rouge

PRÉPARATION : Dans une casserole, faire revenir la betterave à petit feu avec le miel. Dès coloration, ajouter le jus d'orange et le vinaigre de vin. Laisser réduire 20 minutes et mixer le tout. Ne pas hésiter à ajouter un peu d'eau si la sauce est trop épaisse.

25 min

 *Excellent avec les pétoncles et les fromages.*

BEURRE

Caramel au beurre

3/4 t. de beurre
1/2 t. de sucre roux en poudre
1/2 t. de crème à cuisson 35 %

PRÉPARATION : Faire fondre le beurre dans la casserole à feu doux. À l'aide d'une spatule en bois, ajouter le sucre roux et remuer. Dès l'obtention d'une coloration et que la pâte est bien homogène, verser la crème. Laisser réduire 10 minutes en remuant.

30 min

Tout simplement délicieux avec tous les desserts.

AUTRES RECETTES :
- Beurre aux câpres et parmesan (page 35)
- Beurre blanc (page 92)
- Beurre blanc safrané (page 57)
- Beurre blanc vanillé (page 51)
- Beurre clarifié (page 99)
- Beurre d'agrumes et amandes grillées (page 74)
- Beurre d'anchois (page 99)
- Beurre de citronnade (page 59)
- Beurre de framboises et épinards (page 52)
- Beurre fondu au persil frisé (page 38)
- Beurre maître d'hôtel (page 100)
- Beurre manié (page 100)
- Beurre monté aux câpres (page 68)
- Beurre persillade et épices (page 22)

- Fondue de beurre à l'ail et à la ciboulette (page 38)
- Roux blanc (page 101)

BEURRE D'ARACHIDE

Vinaigrette d'arachide

5 min

1 c. à soupe de beurre
   d'arachide
1 c. à soupe de vinaigre
   de riz

1/4 t. d'huile de sésame
1/4 t. d'huile de canola
Sel et poivre

PRÉPARATION : Verser l'ensemble des ingrédients dans un bol et mélanger. Réserver la sauce vinaigrette au frais.

Excellent avec les salades asiatiques et les viandes blanches.

AUTRE RECETTE :
- Crème à la cacahouète (page 21)

BOUILLON DE POULET

Velouté façon blanquette

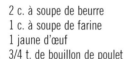

2 c. à soupe de beurre
1 c. à soupe de farine
1 jaune d'œuf
3/4 t. de bouillon de poulet

Sel et poivre
Quelques gouttes de
   jus de citron

20 min

PRÉPARATION : Dans une casserole, faire fondre le beurre à petit feu. Ajouter la farine. À l'aide d'une cuillère de bois, remuer le tout et ajouter le jaune d'œuf. Verser petit à petit le bouillon de poulet. Remuer et attendre que la sauce soit liée avant de la retirer du feu. Assaisonner et incorporer quelques gouttes de jus de citron.

Superbe avec les volailles.

AUTRE RECETTE :
- Fond blanc de volaille (page 96)

BROCOLI

Crème de brocoli citronné

20 min

1 brocoli moyen coupé en
   fleurs, sans tronçon
4 t. de bouillon de poulet ou
   de bouillon de légumes

1 t. de crème à cuisson 15 %
1 c. à soupe de beurre
Zeste de 1 citron
Sel et poivre

PRÉPARATION : Dans une casserole, faire cuire le brocoli avec le bouillon de poulet ou de légumes. Dès la fin de la cuisson, mixer la préparation. Y ajouter la crème et le beurre. Laisser mijoter cette sauce 15 à 20 minutes avec le zeste de citron. Assaisonner.

Sauce excellente avec les poissons blancs ou tout simplement sublime comme potage.

CÂPRES

RECETTES :
- Beurre aux câpres et parmesan (page 35)
- Beurre monté aux câpres (page 68)
- Sauce gribiche (page 94)
- Sauce tartare (page 95)
- Sauce verte (page 52)
- Vinaigrette tiède au xérès et câpres (page 59)

CAROTTES

RECETTE :
- Crème de carottes et gingembre (page 46)

CÉLERI

Émulsion de céleri et tomates

10 min

1 tomate bien mûre sans peau en morceaux
1 branche de céleri en dés
1 c. à soupe de vinaigre de vin rouge

1/3 t. d'huile d'olive
Quelques gouttes de jus de citron
Sel et poivre

PRÉPARATION : Mixer les ingrédients jusqu'à émulsion complète. Assaisonner. Conserver au frais.

Utiliser cette sauce une fois fraîche. Elle mettra bien en valeur une petite salade de légumes croquants et les petits fruits de mer.

AUTRES RECETTES :
- Brunoise de légumes au prosciutto (page 50)
- Crème de céleri et gingembre (page 43)

CHAMPIGNONS BLANCS OU CAFÉS

RECETTES :
- Crème d'épinards et champignons (page 41)
- Crème de champignons et poivre du moulin (page 19)
- Crème de duxelles (page 49)

- Fricassée de champignons des bois (page 34)
- Lait mousseux de champignons (page 35)

CHEDDAR

RECETTE :
- Jus de viande au cheddar vieilli (page 22)

CHOUX DE BRUXELLES

Velouté de petits choux

25 min

2 t. de choux de Bruxelles	1 t. de bouillon de légumes
1 échalote finement ciselée	(voir recette page 96)
1 noix de beurre	1 t. de crème à cuisson 15 %
2 c. à soupe de vin blanc	Sel et poivre

PRÉPARATION : Faire bouillir préalablement les choux de Bruxelles dans de l'eau salée. Les couper en deux. Dans une casserole, faire revenir les choux de Bruxelles et l'échalote dans le beurre. Dès coloration, mouiller avec le bouillon de légumes. Laisser mijoter 10 minutes puis verser le vin blanc et la crème. Mixer le tout. Assaisonner et laisser cuire à feu doux 15 minutes.

Ira à merveille avec les poissons plats ou tout simplement servi comme potage.

CHOU-FLEUR

Crème de chou-fleur au fromage bleu

30 min

1/4 de chou-fleur moyen	Sel et poivre
1 noix de beurre	1 c. à soupe de fromage bleu
1 t. de bouillon de légumes	2 t. de crème à cuisson 15 %
(voir recette page 96)	

PRÉPARATION : Dans une grande casserole d'eau salée, faire cuire le chou-fleur. Une fois cuit, le faire revenir dans une casserole avec le beurre. Saler et poivrer. Ajouter le bouillon de légumes. Laisser mijoter 10 minutes et mixer le tout. Incorporer le fromage bleu et la crème. Rectifier l'assaisonnement et laisser mijoter 15 minutes à feu doux.

Cette sauce ira à merveille avec les viandes blanches et les viances rouges.

AUTRE RECETTE :
- Crème de chou-fleur (page 75)

CIBOULETTE

Jus vert de ciboulette

1/4 t. d'huile d'olive
Jus de 1 lime

1 botte de ciboulette
Sel et poivre

10 min

PRÉPARATION : Mixer l'ensemble de ces ingrédients pour en extraire un jus vert. Filtrer le jus et conserver au frais.

Excellent pour assaisonner les coquillages et les grillades de poisson.

AUTRES RECETTES :
* Fondue de beurre à l'ail et à la ciboulette (page 38)
* Vinaigrette tiède au xérès et ciboulette (page 18)

CITRON

RECETTES :
* Beurre d'agrumes et amandes grillées (page 74)
* Beurre de citronnade (page 59)
* Citronnade et chorizo (page 82)
* Crème citronnée aux herbes (page 48)
* Huile d'olive parfumée au citron (page 44)
* Jus d'échalotes citronné (page 35)
* Jus de citron persillé (page 72)
* Sauce blanche citron et herbe fraîche (page 14)
* Sauce citron rapide (page 89)
* Sauce citronnée au yogourt (page 74)
* Sauce tomate corsée et citronnée (page 28)

CLÉMENTINES

Marinade de clémentine

3 clémentines
1/4 t. d'huile d'olive
2 c. à soupe de vinaigre blanc

1 c. à soupe de persil haché
Sel et poivre

10 min

PRÉPARATION : Mélanger tous les ingrédients à l'aide d'un mélangeur et conserver la marinade au frais 30 minutes avant de l'utiliser comme marinade.

Utilisée pour mariner des filets de rougets ou de vivaneau, elle fera son effet!

COCKTAIL DE FRUITS EN BOUTEILLE

Caramel d'agrumes

1 c. à soupe de beurre
2 c. à soupe de sucre semoule
1 t. de jus de fruits

15 min

PRÉPARATION : Dans une casserole, faire fondre le beurre à feu doux puis ajouter le sucre semoule. À l'aide d'une spatule de bois, remuer le tout et laisser caraméliser. Dès coloration, verser peu à peu le jus de fruits, tout en continuant de remuer. Laisser épaissir 10 minutes.

Une sauce caramélisée qui ira à merveille avec le filet mignon de porc ou un rôti de lotte.

CŒURS D'ARTICHAUTS

Vinaigrette à la grecque

2 cœurs d'artichauts en conserve
2 c. à soupe d'olives noires dénoyautées
1 gousse d'ail écrasée

1 c. à soupe de fromage feta
1/3 t. d'huile d'olive
2 c. à soupe de vinaigre de vin rouge
Sel et poivre

15 min

PRÉPARATION : Mélanger tous les ingrédients dans un malaxeur pour obtenir une vinaigrette. Rectifier au besoin sa consistance avec un peu d'eau. Conserver au froid.

Servie au côté des viandes froides, cette vinaigrette fera sensation.

CONCENTRÉ DE BOEUF

Sauce pour satay

1 c. à soupe de concentré de bœuf
1 c. à soupe de sauce soya
1/2 c. à soupe de miel

3 à 4 gouttes de jus de citron
1 c. à thé de coriandre hachée
Sel et poivre

10 min

PRÉPARATION : Mélanger l'ensemble des ingrédients.

Cette sauce fera scintiller les papilles sur de petites brochettes, les volailles et les viandes rouges.

CONCOMBRE

Eau de concombre et framboises

1 concombre moyen en fines lamelles
1 t. de framboises fraîches
1 c. à soupe de feuilles de menthe
Zeste de 1/2 citron
1 bouteille d'eau gazeifiée

10 min

PRÉPARATION : Dans une grande carafe, verser tous les ingrédients. Laisser reposer 30 minutes au frais avant de servir.

Cette composition peut être servie comme boisson rafraîchissante. Sinon, mixer pour obtenir un gaspacho pétillant.

CONFITURE

Sauce en gelée

3/4 t. de fond de gibier   1 noix de beurre
1 c. à soupe de confiture   Sel et poivre

15 min

PRÉPARATION : Dans une casserole, faire chauffer le fond de gibier. Ajouter la confiture. Incorporer le beurre. Assaisonner. Laisser mijoter 5 à 10 minutes.

Si la confiture est aux fruits rouges, la sauce ira parfaitement avec les gibiers. S'il s'agit d'une marmelade, les volailles seront séduites.

AUTRE RECETTE :
- Sauce caramel aux petits fruits rouges (page 30)

CORIANDRE

RECETTES :
- Crème de coriandre à l'ail (page 53)
- Marinade d'herbes épicées (page 37)
- Sauce tomate cumin et coriandre (page 68)

CORNICHONS

RECETTES :
- Sauce charcutière (page 88)
- Sauce gribiche (page 94)
- Sauce tartare (page 95)
- Sauce tomate épicée et cornichons salés (page 73)

CRÈME À CUISSON 15 %

Crème cuite aux œufs de poisson volant

10 min

1 t. de crème à cuisson 15 %
2 c. à soupe d'œufs de poisson volant
Quelques gouttes de vinaigre blanc
Sel et poivre

PRÉPARATION : Dans une casserole faire tout simplement réduire le volume de crème de moitié, à feu doux, pendant environ 10 minutes. Assaisonner et ajouter les œufs de poisson volant. Quelques gouttes de vinaigre blanc facultatives seront également appréciées en toute fin de recette.

Servie aux côtés de saumon fumé, cette sauce toute simple prendra ses lettres de noblesse.

AUTRES RECETTES :
- Crème et curry (page 58)
- Sauce blanche citron et herbe fraîche (page 14)

CRÈME À CUISSON 35 %

Sauce chantilly
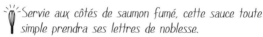

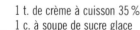

1 t. de crème à cuisson 35 %
1 c. à soupe de sucre glace
1 c. à thé de vanille

10 min

PRÉPARATION : À l'aide d'un mélangeur ou d'un simple fouet, monter la crème en chantilly. Dès que la crème sera montée, ajouter le sucre glace ainsi que la vanille. Conserver au frais.

Desserts, chocolat et crème glacée en raffolent.

AUTRE RECETTE :
- Crème fouettée à l'aneth et au caviar (page 44)

CRÈME SÛRE

Sauce trempette aux épinards

10 min

3/4 t. de crème sûre	1 t. d'épinards hachés
2 échalotes finement hachées	Sel et poivre
1 c. à soupe de mayonnaise	

PRÉPARATION : Déposer tous les ingrédients dans le robot culinaire et mixer. Rectifier l'assaisonnement.

L'excellence même sur des pommes de terre cuites au four ou comme sauce à trempette.

ENDIVE

Pesto d'endive et noix de Grenoble

1 endive en morceaux
1/3 t. d'huile d'olive
1/4 t. de parmesan râpé

1 gousse d'ail écrasée
2 c. à soupe de noix de Grenoble
Sel et poivre

10 min

PRÉPARATION : Dans un petit robot culinaire, mixer tous les ingrédients.

Parfait pour les tartinades. Également excellent en accompagnement des volailles et des salades.

ÉPICES DÉSHYDRATÉES

Beurre d'épices au vin rouge

1 c. à soupe d'épices diverses
  moulues
1 échalote finement hachée
3 gousses d'ail hachées

2 c. à soupe de vin rouge
3/4 t. de beurre
Sel et poivre

10 min

PRÉPARATION : Placer les ingrédients dans un bol. Mélanger à l'aide d'une spatule pour obtenir un mélange bien homogène. Conserver au frais dans un petit pot.

Parfait pour aromatiser le riz ou les potages

AUTRES RECETTES :
- Huile d'orange aux herbes de Provence (page 39)
- Jus lié au thym et vin blanc (page 60)

FROMAGE À LA CRÈME

Sauce aux fines herbes

3 c. à soupe de fromage
  à la crème
1/4 t. de crème à cuisson 15 %
1 gousse d'ail écrasée
1/2 échalote finement hachée

1 c. à soupe de ciboulette
  ciselée
1 c. à soupe de persil haché
Sel et poivre

5 min

PRÉPARATION : Dans une casserole, mélanger tous les ingrédients. Remuer à l'aide d'un fouet et laisser mijoter 5 minutes à feu doux.

F-H

> *Cette sauce servie froide est excellente pour les trempettes. Servie chaude, elle est l'accompagnement parfait pour les pâtes et les volailles.*

FRUITS ROUGES

Vinaigrette aux fruits rouges

5 min

1/2 t. de fruits rouges
1/3 t. d'huile d'olive
2 c. à soupe de vinaigre de
  framboise

Sel et poivre
Quelques gouttes de jus de
  citron

PRÉPARATION : Dans un bol, mélanger tous les ingrédients. Remuer. Lier au besoin avec un peu d'eau. Conserver la vinaigrette au frais.

> *Cette sauce vinaigrette donnera un éclat aux salades et aux crudités.*

AUTRES RECETTES :
- Beurre de framboises et épinards (page 52)
- Fond de canard et gelée de canneberges (page 56)
- Jus de cuisson et canneberges (page 29)
- Jus de viande et griottes (page 29)
- Sauce citronnée au yogourt (page 74)
- Vinaigrette tiède au jus de viande et pulpe de framboises (page 27)

FRUITS SECS

RECETTES :
- Beurre d'agrumes et amandes grillées (page 74)
- Jus court aux figues et aux amandes (page 29)
- Jus de viande et noisettes grillées (page 58)
- Pesto de pistaches (page 44)
- Petit jus de civet aux raisins (page 27)
- Sauce aux pacanes et soya (page 57)

HUILE D'OLIVE

Huile d'olive parfumée aux herbes

5 min

1 t. d'huile d'olive
1 branche de thym frais
1 branche de romarin

1 feuille de laurier
1 gousse d'ail écrasée

PRÉPARATION : Dans une bouteille, verser l'huile d'olive et les herbes. Laisser infuser à froid un minimum d'une journée avec l'ail.

 Une huile qui aromatisera grillades et pizzas.

* Cette infusion se conserve de 2 à 3 mois.

AUTRES RECETTES :
- Huile d'olive parfumée au citron (page 44)
- Huile tiède à la catalane (page 51)
- Marinade d'herbes épicées (page 37)
- Vinaigrette perlée au balsamique (page 30)
- Vinaigrette tiède au xérès et câpres (page 59)
- Vinaigrette tiède au xérès et ciboulette (page 18)

HUILE DE COLZA

Huile de homard

1 carcasse de homard
1 bouteille de 33 oz d'huile de colza (divisée)
1 branche de thym frais

PRÉPARATION : Dans une casserole, faire revenir la carcasse d'un homard dans 1 t. d'huile de colza. Ajouter le reste de la bouteille d'huile ainsi que la branche de thym. Laisser mijoter 15 minutes à feu vif puis laisser reposer de 5 à 6 heures avant de filtrer et d'utiliser.

15 min

Huile extraordinaire pour parfumer la soupe de poisson et les pâtes fraîches.

HUILE DE NOIX

Vinaigrette de noix

1/2 t. d'huile de noix
2 c. à soupe de vinaigre de xérès
2 c. à soupe de noix de Grenoble
1 gousse d'ail écrasée

5 min

PRÉPARATION : À l'aide d'un petit robot culinaire, mixer tous les ingrédients. Délayer au besoin la consistance de la vinaigrette avec un peu d'eau. Réserver au frais.

Une merveille sur la salade d'endives.

H-J

HUILE DE SÉSAME

Vinaigrette au sésame grillé

5 min

1/3 t. d'huile de sésame
2 c. à soupe de sésame grillé
2 à 3 gouttes de sauce soya
1 c. à soupe de miel

1 c. à soupe de vinaigre de vin rouge
Sel et poivre

PRÉPARATION : Dans un bol, mélanger tous les ingrédients à l'aide d'un fouet. Conserver cette vinaigrette au frais.

Parfaite sur les salades et le thon.

HUILE DE TOURNESOL

Huile de romarin et ail

15 min

3 gousses d'ail écrasées
2 branches de romarin
2 t. d'huile de tournesol

PRÉPARATION : Dans une casserole, déposer l'ail et les branches de romarin coupées en petits morceaux. Recouvrir d'huile et faire mijoter 15 minutes à feu doux. Filtrer l'huile et metttre au frais avant utilisation.

Cette huile parfumera au démarrage la cuisson des poissons et des viandes.

JUS D'ORANGE

RECETTES :
- Huile d'orange aux herbes de Provence (page 39)
- Jus de viande au caramel d'agrumes (page 31)

JUS DE CAROTTE

Velouté de carottes émulsionnées

15 min

1 noix de beurre
1 c. à soupe de sucre
1 t. de jus de carotte

1 t. de lait
Sel et poivre
1 jaune d'œuf

PRÉPARATION : Dans une casserole, faire fondre le beurre et le sucre à feu doux. Remuer à l'aide d'une spatule en bois. Laisser coaguler le caramel puis ajouter le jus de carotte. Laisser réduire du tiers. Ajouter le lait. Dès ébullition, assaisonner et mettre le jaune d'œuf dans la préparation. Retirer la casserole du feu et mixer la préparation pour qu'elle devienne très moussante comme celle d'un cappuccino.

Servi sur un filet de sole, le bonheur est dans l'assiette!

JUS DE LÉGUMES

Vinaigrette santé au jus de légumes

10 min

1/2 t. de jus de légumes	1 branche de céleri
1/3 t. d'huile d'olive	2 c. à soupe de vinaigre blanc
1 gousse d'ail écrasée	Sel et poivre

PRÉPARATION : Dans un bol, mixer tous les ingrédients. Conserver la préparation dans une bouteille au frais.

Cette vinaigrette fera la conquête de vos papilles gustatives sur des coquillages cuits.

KETCHUP

Sauce rosée

5 min

1 c. à soupe de ketchup
2 c. à soupe de mayonnaise (voir recette page 92)
Quelques gouttes de jus de citron (facultatif)

PRÉPARATION : Dans un bol, mélanger les deux ingrédients. Ajouter quelques gouttes de jus de citron pour une touche intéressante d'acidité.

Idéale avec crevettes et trempettes.

AUTRE RECETTE :
• Sauce cocktail (page 93)

LAIT

Lait frappé aux bananes

10 min

1 t. de crème glacée à la vanille
1/2 t. de lait
1 banane en morceaux

PRÉPARATION : Dans un mélangeur, mixer les ingrédients.

Excellent comme sauce pour un dessert à base de chocolat.

LAIT CONCENTRÉ

Sauce dolce de leche

1 t. de lait concentré
1/2 t. de sucre semoule
1 gousse de vanille ou 1 c. à thé d'extrait de vanille

30 min

PRÉPARATION : Dans une casserole, amener à ébullition le lait concentré ainsi que le sucre semoule. Remuer avec une cuillère de bois. Ajouter la gousse de vanille ou l'extrait de vanille. Laisser cuire 30 minutes à feu doux.

 Excellente comme pâte à tartiner et un délice avec les desserts.

LIME

Marinade à la lime

1/2 t. d'huile d'olive
Jus de 1 lime
1 c. à soupe de coriandre hachée
Zeste de la lime
Sel et poivre

10 min

PRÉPARATION : Mélanger tous les ingrédients dans un bol et bien remuer. Conserver la marinade 1 heure au frais avant de l'utiliser.

Excellente pour mariner pétoncles et crevettes.

AUTRE RECETTE :

- Marinade gingembre et citron vert (page 52)

MAÏS

Crème de maïs

1 échalote hachée
1 c. à soupe de beurre
1 t. de maïs surgelé ou
    en conserve
2 t. de bouillon de poulet

1 t. de crème à cuisson 15 %
1 jaune d'œuf
Jus de 1/2 citron
Sel et poivre

25 min

PRÉPARATION : Dans une casserole, faire revenir l'échalote dans le beurre. Ajouter le maïs. Dès légère coloration, verser le bouillon de poulet et laisser mijoter 15 minutes. Mixer la préparation. Remettre la préparation à cuire 10 minutes puis filtrer la sauce. Remettre à cuire quelques instants. Ajouter la crème. Fouetter le jaune d'œuf avec le jus de citron et verser dans la préparation. Remuer. Assaisonner.

Une crème très savoureuse pour accompagner les blancs de volaille.

MARMELADE D'ORANGES

Sauce au confit d'oranges

1 t. de fond de veau
1 c. à soupe de marmelade d'oranges
Écorce de 1/2 orange
Sel et poivre

15 min

PRÉPARATION : Dans une casserole, déposer le fond de veau et la marmelade d'oranges. Ajouter l'écorce d'orange. Laisser revenir 15 minutes à feu doux. Retirer l'écorce au moment de servir. Assaisonner.

Une sauce qui fera bon ménage avec le canard et avec les viandes blanches.

MAYONNAISE

Mayonnaise rosée épicée

2 c. à soupe de mayonnaise (voir recette page 92)	1 c. à thé de sauce Tabasco
1 pincée de paprika	1/2 c. à thé de harissa

5 min

PRÉPARATION : Dans un petit bol, verser les ingrédients et les mélanger.

Idéal comme sauce burger

AUTRES RECETTES :
- Jus de rouille (page 55)
- Mayonnaise à l'aneth (page 36)
- Mayonnaise légèrement aillée (page 27)
- Sauce cocktail (page 93)
- Sauce tartare (page 95)

MENTHE FRAÎCHE

Huile de menthe fraîche

1 t. d'huile de canola
1 bouquet de menthe fraîche

5 min

PRÉPARATION : Dans une bouteille, verser l'huile de canola ainsi que la menthe fraîche et laisser infuser au minimum 1 journée avant utilisation.

Une huile extraordinaire pour parfumer les salades d'été.

MIEL

Jus de viande au miel

1 t. de fond d'agneau   1 branche de thym
  (voir recette page 97)   Sel et poivre
1 c. à soupe de miel

15 min

PRÉPARATION : Dans une casserole, verser le fond d'agneau, le miel et le thym. Faire réchauffer la sauce 15 minutes à feu doux et assaisonner.

Idéal avec l'agneau car ce jus en nuancera les différents arômes.

AUTRE RECETTE :
• Sauce barbecue (page 86)

MOUTARDE

Sauce express à la moutarde

1/2 t. de crème à cuisson 15 %
1 c. à soupe de moutarde forte
5 à 6 gouttes de concentré de bœuf
Sel et poivre

10 min

PRÉPARATION : Dans une casserole, mélanger la crème, la moutarde et le concentré de bœuf. Cuire la préparation 10 minutes à feu doux. Assaisonner.

*Parfaite pour accompagner savoureusement toutes les viandes.*

AUTRE RECETTE :
• Mousseline dijonnaise (page 24)

NOIX DE GRENOBLE

Pesto de noix

1/2 t. d'huile d'olive   1 gousse d'ail hachée
1/4 t. de noix de Grenoble   1 c. à soupe de persil haché
1 c. à soupe de parmesan râpé   Sel et poivre

10 min

PRÉPARATION : À l'aide d'un robot culinaire, mixer les ingrédients. Conserver la préparation au frais.

Parfume les pâtes, le saumon, mais aussi la salade pour le service du fromage.

NOIX DE PIN

Pesto de noix de pin

1/2 t. d'huile d'olive
1/4 t. de noix de pin grillées
1 c. à soupe de parmesan râpé

1 c. à soupe de basilic haché
1 gousse d'ail écrasée
Sel et poivre

10 min

PRÉPARATION : Dans un bol, mixer l'ensemble des ingrédients pour former une pâte bien homogène. Conserver au frais.

Excellent avec les pâtes, mais avec de nombreux petits coquillages. Une vraie merveille avec les blancs de volaille.

AUTRE RECETTE :
• Sauce pesto (page 90)

ŒUF

Sauce mimosa

3 œufs
2 c. à soupe de mayonnaise

1/4 t. de lait
Sel et poivre

10 min

PRÉPARATION : Mixer tous les ingrédients dans un bol à mélanger et assaisonner.

Une sauce parfaite pour les trempettes de crudités.

AUTRES RECETTES :
• Sabayon champenois (page 47)
• Sauce béarnaise (page 93)
• Sauce dijonnaise (page 94)
• Sauce gribiche (page 94)
• Sauce hollandaise (page 94)

OIGNONS

Jus court aux oignons

1 oignon finement haché
1 c. à soupe de beurre
1 c. à thé de farine

2 t. de bouillon de poulet ou
de bœuf
Sel et poivre

20 min

PRÉPARATION : Dans une casserole, faire revenir l'oignon dans le beurre. Faire caraméliser puis ajouter la farine. Verser le bouillon de viande par filets. Laisser épaissir la sauce environ 20 minutes. Assaisonner.

 Pour parfumer les grosses pièces de viande rôties.

AUTRES RECETTES :
- Aux carottes et petits oignons (bœuf) (page 25)
- Marinière et fumet (page 55)

OLIVES

Jus de tapenade

5 min

1/2 t. d'huile d'olive
1/2 t. d'olives dénoyautées Kalamata hachées
1 gousse d'ail écrasée
Sel et poivre

PRÉPARATION : Dans une casserole, mélanger tous les ingrédients. Cuire 5 minutes à feu doux.

Ce jus est éclatant avec de nombreux poissons, volailles et pâtes.

AUTRES RECETTES :
- Sauce aux olives (page 31)
- Sauce tapenade (page 91)

ORANGE

Sauce au beurre d'orange

10 min

Jus de 1 orange   2 c. à soupe de beurre
1/2 c. à soupe de sucre semoule   Sel et poivre

PRÉPARATION : Dans une casserole, faire bouillir le jus d'orange jusqu'à réduction de moitié. Ajouter le sucre semoule. Monter à l'aide d'un fouet en déposant le beurre peu à peu, en petits morceaux. Saler et poivrer.

Un vrai délice avec les poissons à chair blanche.

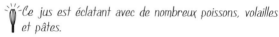

PAIN DE MIE

Sauce de fêtes

1 t. de lait
1 oignon piqué de clous
de girofle

9 tranches de pain blanc
Sel et poivre
1 c. à soupe de cognac

20 min

PRÉPARATION : Dans une casserole, verser le lait et ajouter
l'oignon piqué de clous de girofle. Amener à ébullition. Filtrer la
sauce. Replacer sur le feu. Incorporer peu à peu des brisures de
pain de mie au mélange en remuant avec une spatule en bois.
Laisser épaissir 10 minutes. Assaisonner et ajouter le cognac.

 Une sauce festive pour les dindes et les chapons.

PANAIS

Crème de panais et pomme verte

2 panais en tronçons
1/2 t. de crème à cuisson 15 %
1 pomme verte en morceaux

Sel et poivre
1 noix de beurre

15 min

PRÉPARATION : Cuire les panais dans une casserole d'eau
bouillante. Déposer les panais, la crème et la pomme dans un
robot culinaire. Mixer. Remettre la sauce sur le feu. Faire chauffer
à feu doux. Assaisonner et cuire doucement 10 minutes en
incorporant le beurre.

 Un bel accord avec les viandes blanches.

AUTRE RECETTE :
* Crème de panais au bacon fumé (page 42)

PARMESAN EN POUDRE

Crème au parmesan

1/3 t. de bouillon de volaille
1/2 t. de crème à cuisson 15 %
1/3 t. de parmesan râpé

1 c. à soupe de vin blanc
1 pincée de poivre

15 min

PRÉPARATION : Dans une casserole, faire bouillir à feu vif le
bouillon de volaille et ajouter la crème et le parmesan. Laisser
mijoter 10 à 15 minutes à feu doux. Terminer en ajoutant le vin
blanc et le poivre.

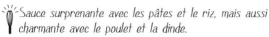 *Sauce surprenante avec les pâtes et le riz, mais aussi
charmante avec le poulet et la dinde.*

AUTRES RECETTES :
- Beurre aux câpres et parmesan (page 35)
- Pesto de pistaches (page 44)
- Pistou de roquette et tomates fraîches (page 69)
- Sauce pesto (page 90)

PÂTE DE TOMATES

Huile de tomate

5 min

1 t. d'huile d'olive
Écorce de 1 quartier de citron

1 c. à soupe de pâte de tomates
Sel et poivre

PRÉPARATION : Mélanger l'ensemble des ingrédients et les conserver dans une bouteille au frais.

Une huile aromatique de dernière minute parfaite pour parfumer filets de poissons, pâtes, riz et salades.

AUTRES RECETTES :
- Crème de cognac à l'estragon (page 46)
- Jus de bouillabaisse (page 34)
- Sauce rouille (page 95)
- Sauce tomate corsée et citronnée (page 28)

PERSIL

RECETTES :
- Beurre fondu au persil frisé (page 38)
- Beurre persillade et épices (page 22)
- Jus de citron persillé (page 72)
- Jus de cuisson au persil et tomates rôties (page 15)
- Jus de persillade au whisky (page 73)
- Marinières et fumet (moules) (page 55)

PESTO EN POT

Vinaigrette de pesto

5 min

1 c. à soupe de pesto
1 c. à soupe de vinaigre
   de vin rouge

1/4 t. d'huile d'olive
Sel et poivre

PRÉPARATION : Dans un bol, mélanger tous les ingrédients et servir.

Parfaite sur les salades, les crudités et à découvrir avec les coquillages.

PETITS POIS

Lait mousseux aux petits pois

1 échalote hachée
1 noix de beurre
3/4 t. de petits pois

1 t. de lait
1 pincée de piment de cayenne
Sel et poivre

PRÉPARATION : Dans une casserole, faire revenir l'échalote dans
le beurre. Ajouter les petits pois. Dès coloration, verser le lait.
Laisser cuire 15 minutes à feu doux. Ajouter la pincée de piment
de cayenne. Assaisonner. Mixer la préparation avant de servir.

15 min

 Idéal avec les volailles.

POIREAU

Crème de blanc de poireau

1 blanc de poireau émincé
1 c. à soupe de beurre
1 c. à soupe de vin blanc

1/2 t. de crème à cuisson 15 %
Sel et poivre

PRÉPARATION : Dans une casserole, faire revenir le poireau dans
le beurre. Dès coloration, ajouter le vin blanc et la crème à
cuisson. Laisser cuire 15 minutes et assaisonner.

15 min

 Un vrai délice servi avec les poissons.

AUTRES RECETTES :
- Crème de poireau et estragon (page 40)
- Crème de poireau et vin blanc (page 37)

POIVRON ROUGE

Coulis de poivron

1 poivron rouge en dés
1 c. à soupe de pâte de
tomates

1 t. de crème à cuisson 15 %
1 noix de beurre
Sel et poivre

PRÉPARATION : Déposer dans une casserole le poivron, la pâte de
tomates et la crème. Cuire 20 minutes. Mixer une fois bien cuit.
Ajouter le beurre et assaisonner. Cuire 15 minutes supplémentaires.

20 min

 Excellent avec les filets de poissons blancs.

AUTRE RECETTE :
- Sauce à la provençale (page 42)

POMME DE TERRE

Sauce parmentière

20 min

1 grosse pomme de terre
3/4 t. de crème à cuisson 15 %
1 pincée de noix de muscade
3 c. à soupe de gruyère râpé

1 c. à soupe de vin blanc
Sel et poivre
1 noix de beurre

PRÉPARATION : Cuire la pomme de terre dans l'eau bouillante. Dans une casserole, verser la crème et ajouter la noix de muscade et la pomme de terre cuite. Cuire 5 minutes. Ajouter le gruyère râpé et le vin blanc. Cuire à feu doux 15 minutes. Assaisonner. Déposer le beurre pour lier la sauce et remuer.

 Un délice avec les viandes rouges et les gibiers.

POMMES

Sauce aux pommes

15 min

1/3 t. de jus de pomme
2 t. de pommes pelées et
en morceaux

2 c. à soupe de sucre semoule
1 noix de beurre
1/4 t. de fond de veau

PRÉPARATION : Dans une casserole, verser le jus de pomme, les pommes et le sucre semoule. Une fois les pommes cuites, mixer la préparation en ajoutant le beurre. Terminer la sauce en ajoutant le fond de veau. Laisser mijoter lentement 15 minutes.

 Exceptionnel avec le canard et le porc.

AUTRES RECETTES :
- Pommes et calvados (page 19)
- Sauce au cidre et pommes au four (page 39)

PORTO

RECETTES :
- Caramel salé au porto (page 48)
- Jus de viande et porto (page 54)
- Jus de viande et porto (page 54)
- Romarin et porto (page 17)

PORTOBELLO

Crème de portobello et balsamique

3 champignons portobello
   en morceaux
1 échalote ciselée
Filet d'huile d'olive
1 c. à soupe de beurre

2 c. à soupe de vinaigre
   balsamique
1 t. de crème à cuisson 15 %
1/3 t. de lait
Sel et poivre

🕐
20 min

🔥

PRÉPARATION : Dans une casserole, faire revenir les champignons et l'échalote dans l'huile d'olive et le beurre. Verser le vinaigre balsamique et la crème. Laisser mijoter tout en incorporant le lait. Assaisonner et mixer avant de servir.

🥄 *Sublime tant sur les volailles que les filets de poissons blancs.*

AUTRE RECETTE :
• Fricassée de champignons des bois (page 34)

RAISINS

Sauce aux raisins

1 c. à soupe de beurre
1 c. à soupe de sucre semoule
1/2 t. de raisins coupés en deux

1/4 t. de porto
1 t. de fond de veau
Sel et poivre

🕐
15 min

🔥

PRÉPARATION : Dans une casserole, faire fondre le beurre et ajouter le sucre semoule et les raisins. Remuer le tout à l'aide d'une cuillère en bois. Déglacer avec le porto. Laisser caraméliser puis verser le fond de veau. Saler et poivrer.

🥄 *Une sauce fort intéressante avec les petits gibiers à plumes.*

ROQUETTE

Crème de roquette au fromage de chèvre

2 t. de feuilles de roquette
Filet d'huile d'olive
1 noix de beurre
1 t. de crème à cuisson 15 %

Sel et poivre
1 c. à soupe de fromage de
   chèvre (frais de préférence)

🕐
20 min

🔥

PRÉPARATION : Dans une casserole, faire revenir les feuille de roquette dans l'huile d'olive et le beurre. Verser la crème et amener à ébullition. Assaisonner. Incorporer le chèvre frais. Mixer la préparation. Filtrer au moment de servir.

 *Une sauce qui aura bonne entente avec la chaire de crabe.*

AUTRE RECETTE :
• Pistou de roquette et tomates fraîches (page 69)

SALADE LAITUE

Cappuccino de laitue

20 min

1/2 laitue Boston nettoyée
1 échalote hachée
1 c. à soupe de beurre
Filet d'huile d'olive
1 t. de bouillon de légumes
   (voir recette page 96)

Sel et poivre
1 t. de crème à cuisson 15 %
1/2 t. de crème fouettée
1 pincée de piment de cayenne

PRÉPARATION : Dans une casserole, faire revenir les feuilles de laitue et l'échalote dans le beurre et l'huile d'olive. Verser le bouillon de légumes. Saler et poivrer. Laisser mijoter 5 minutes. Verser la crème à cuisson. Laisser mijoter 10 minutes avant de mixer la préparation. Au moment de servir, verser la crème fouettée et le piment de cayenne.

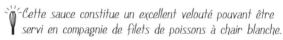 *Cette sauce constitue un excellent velouté pouvant être servi en compagnie de filets de poissons à chair blanche.*

AUTRE RECETTE :
• Pistou de roquette et tomates fraîches (page 69)

SALAMI

Sauce pizza rapide

20 min

2 échalotes hachées
1 poivron rouge émincé
Filet d'huile d'olive
1/4 t. de salami en petits
   morceaux

1/4 t. de champignons
2 tomates en dés
Sel et poivre
1 c. à thé d'origan

PRÉPARATION : Dans une poêle, faire revenir les échalotes et le poivron rouge dans l'huile d'olive. Ajouter le salami et les champignons. Faire revenir 10 minutes. Incorporer les tomates. Assaisonner et parfumer avec l'origan.

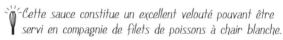 *Une excellente sauce pour la base d'une pizza, très goûteuse avec les pâtes et les volailles.*

SAUCE AUX PRUNES

Marinade aigre-douce

2 c. à soupe de sauce
   aux prunes
1 c. à soupe de miel
2 c. à soupe de concentré
   de bœuf

1 c. à soupe de vinaigre
   de vin rouge
3 c. à soupe d'eau
1 pincée de poivre

10 min

PRÉPARATION : Dans un saladier, placer tous les ingrédients et mélanger. Conserver au frais.

Une marinade rapide pour les pièces de viande rouges cuites au BBQ.

SAUCE SOYA

Vinaigrette tamari

3 c. à soupe de sauce soya
1/2 c. à soupe de miel
1/3 t. d'huile de sésame
2 c. à soupe de vinaigre de riz

1 noix de wasabi
Sel et poivre
1/4 t. d'eau

5 min

PRÉPARATION : Dans un bol, mélanger tous les ingrédients à l'aide d'un fouet. Conserver ce mélange au frais.

Cette préparation fera votre bonheur avec les mets asiatiques.

AUTRE RECETTE :
- Sauce barbecue (page 86)

SAUCE TERRIYAKI

Sauce terriyaki laquée

1 t. de sauce terriyaki
1 gousse d'ail hachée
1/2 t. d'eau
Jus de 1 citron

1/2 c. à soupe de miel
1 c. à thé de fécule de
   pommes de terre
1 pincée de poivre

20 min

PRÉPARATION : Dans un saladier, placer tous les ingrédients et remuer à l'aide d'un fouet.

Cette sauce aura deux fonctions. Utiliser soit comme marinade soit comme sauce accompagnant les blancs de poulet.

15 min

SAUMON FUMÉ

Crème de saumon fumé à l'aneth citronnée

5 tranches de saumon fumé
Filet d'huile d'olive
Jus de 1 citron

3 c. à soupe d'aneth haché
1 t. de crème à cuisson 15 %
Sel et poivre

PRÉPARATION : Faire mariner 2 à 5 minutes le saumon fumé dans l'huile d'olive, le jus de citron et l'aneth. Dans une casserole, faire réduire du tiers la crème à cuisson. Assaisonner et ajouter à la crème le saumon fumé et la marinade. Remuer et laisser mijoter 10 minutes supplémentaires.

En accord avec le saumon, cette crème saura charmer. Elle fera également le bonheur des amateurs de pâtes fraîches ou de risotto.

SIROP D'ÉRABLE

 10 min

Vinaigrette à l'érable

1/4 t. de vinaigre de cidre
2 c. à soupe de sirop d'érable
2 c. à soupe de moutarde forte

1 c. à thé de zeste d'orange
1/2 t. d'huile d'olive
Sel et poivre

PRÉPARATION : Dans un bol, mélanger le vinaigre de cidre, le sirop d'érable, la moutarde forte et le zeste d'orange. Monter la vinaigrette avec l'huile d'olive. Assaisonner.

Vite fait et bien fait, cette vinaigrette sera extraordinaire avec les salades et comme marinade.

AUTRE RECETTE :
• Sauce au cidre et pommes au four (page 39)

TABASCO

RECETTES :
• Sauce barbecue (page 86)
• Sauce cocktail (page 93)
• Sauce tomate corsée et citronnée (page 28)

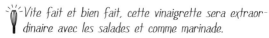

TOMATES

Vinaigrette gaspacho

2 tomates mûres
1/2 poivron vert nettoyé
1 gousse d'ail écrasée
2 c. à soupe de vinaigre
   de vin rouge

1 échalote hachée
1/3 t. d'huile d'olive
Sel et poivre
1/3 de concombre pelé

10 min

PRÉPARATION : Déposer tous les ingrédients dans un robot culinaire. Mixer jusqu'à l'obtention d'une sauce bien homogène. Assaisonner et conserver au minimum 1 heure au frais avant de servir.

Cette sauce sera parfaite pour accompagner les salades de fruits de mer marinés.

AUTRES RECETTES :
- Sauce à la provençale (page 42)
- Sauce américaine (page 86)
- Sauce bolognaise (page 87)
- Sauce tomate épicée et cornichons salés (page 73)

TOMATES CERISE

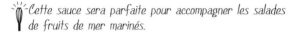

Huile parfumée aux tomates cerise

1 t. de tomates cerise
1 t. d'huile d'olive
1 branche de thym

1 feuille de laurier
3 gousses d'ail écrasées
1 pincée de fleur de sel

20 min

PRÉPARATION : Dans une casserole, à feu doux, faire revenir les tomates dans l'huile. Ajouter les autres ingrédients. Laisser cuire lentement afin de faire confire les tomates. Une fois les tomates bien cuites, filtrer l'huile et la conserver.

Cette huile parfumée vous aidera à saisir tous les parfums des petites pièces de viandes à griller telle que les côtes d'agneau.

VINAIGRE BALSAMIQUE

Caramel de balsamique réduit

1 t. de vinaigre balsamique

PRÉPARATION : Dans une casserole, amener le vinaigre balsamique à ébullition et faire réduire de moitié avant de stopper la cuisson. Laisser reposer avant utilisation.

15 min

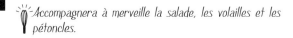*Accompagnera à merveille la salade, les volailles et les pétoncles.*

AUTRE RECETTE :
• Vinaigrette perlée au balsamique (page 30)

VINAIGRE DE CIDRE

 Vinaigrette de vinaigre de cidre

5 min

1/4 t. de vinaigre de cidre   1 c. à thé de moutarde
1/4 t. d'huile de sésame   Sel et poivre
1/4 t. de jus de pomme

PRÉPARATION : Dans un bol, verser tous les ingrédients et les mélanger. Conserver au frais.

Une vinaigrette succulente pour accompagner les salades.

AUTRE RECETTE :
• Sauce au cidre et pommes au four (page 39)

VINAIGRE DE FRAMBOISE

 Vinaigrette aux framboises

10 min

1/2 t. d'huile d'olive
2 c. à soupe de vinaigre de framboise
1 c. à soupe de framboises fraîches
1 c. à thé de miel ou de sirop d'érable
Sel et poivre

PRÉPARATION : À l'aide d'un fouet, mélanger tous les ingrédients dans un bol en prenant soin de bien défaire les framboises fraîches. Conserver la vinaigrette au frais.

Une vinaigrette qui mettra de l'éclat dans les salades de cailles.

AUTRES RECETTES :
• Beurre de framboises et épinards (page 52)
• Vinaigrette tiède au jus de viande et pulpe de framboises (page 27)

VINAIGRE DE RIZ

Vinaigrette au vinaigre de riz et mangue fraîche

10 min

1/3 t. de morceaux de mangue mûre
1/3 t. de vinaigre de riz
1/3 t. d'huile de sésame

1 c. à soupe de sauce soya
1/3 t. de jus d'orange
Sel et poivre

PRÉPARATION : Mixer tous les ingrédients dans un robot culinaire jusqu'à obtention d'une sauce bien homogène. Rectifier l'assaisonnement. Conserver au frais.

Sauce vinaigrette merveilleuse pour les tempuras et avec les plats de poissons accompagnés de riz

AUTRE RECETTE :
• Marinade gingembre et citron vert (page 52)

VINAIGRE DE VIN

RECETTES :
• Jus d'échalotes citronné (page 35)
• Sauce escabeche (page 70)
• Sauce vinaigrette (page 95)

YOGOURT

Sauce yogourt, menthe et gingembre

10 min

1 t. de yogourt nature
1 c. à soupe de menthe hachée
1/2 c. à soupe de sirop d'érable
1/2 c. à soupe de gingembre râpé
Sel et poivre

PRÉPARATION : Mélanger tous les ingrédients et servir.

Une sauce d'été qui charmera le poulet

AUTRE RECETTE :
• Sauce citronnée au yogourt (page 74)

Index
alphabétique
des sauces

A

À l'échalote et vin rouge (bœuf), p. 22

Aïoli, p. 92

Anchoïade à l'œuf dur, p. 18

Au vin rouge (coq), p. 36

Aux carottes et petits oignons (bœuf), p. 25

Aux fines herbes et vin blanc (bœuf), p. 25

Aux olives et champignons (porc), p. 64

B

Beurre à l'ail, p. 104

Beurre aux câpres et parmesan, p. 35

Beurre blanc, p. 92

Beurre blanc à la vanille, p. 48

Beurre blanc safrané, p. 57

Beurre blanc vanillé, p. 51

Beurre clarifié, p. 99

Beurre d'agrumes et amandes grillées, p. 74

Beurre d'anchois, p. 99

Beurre d'épices au vin rouge, p. 115

Beurre de citronnade, p. 59

Beurre de crustacés, p. 100

Beurre de framboises et épinards, p. 52

Beurre fondu au persil frisé, p. 38

Beurre fondu au romarin, p. 60

Beurre maître d'hôtel, p. 100

Beurre manié, p. 100

Beurre monté aux câpres, p. 68

Beurre persillade et épices, p. 22

Bifteck à cheval, p. 33

Bouillon au chorizo, p. 36

Bouillon de bœuf parfumé, p. 26

Bouillon de lard et thym, p. 21

Bouillon de légumes, p. 96

Bouillon de pot-au-feu, p. 53

Brunoise de légumes au prosciutto, p. 50

C

Cappuccino de laitue, p. 130

Caramel au beurre, p. 107

Caramel d'agrumes, p. 112

Caramel de balsamique réduit, p. 133

Caramel de betteraves, p. 107

Caramel de cidre d'érable, p. 62

Caramel salé au porto, p. 48

Citronnade et chorizo, p. 82

Coulis de poivron, p. 127

Coulis de tomates au romarin, p. 20

Coulis de tomates et céleri branche, p. 62

Crème à l'aneth et vin blanc, p. 65

Crème à la cacahouète, p. 21

Crème au chèvre frais et tomates confites, p. 42

Crème au parmesan, p. 125

Crème aux petits lardons, p. 63

Crème citronnée aux herbes (lapin), p. 48

Crème cuite aux œufs de poisson volant, p. 114

Crème d'asperges et basilic, p. 70

Crème d'écrevisses, p. 26

Crème d'épinards et champignons, p. 41

Crème d'herbes au parmesan, p. 79

Crème de blanc de poireau, p. 127

Crème de brocoli citronné, p. 108

Crème de carottes et gingembre, p. 46

Crème de carottes tomatée et coriandre, p. 79

Crème de céleri et gingembre, p. 43

Crème de champignons et poivre du moulin, p. 19

Crème de chou-fleur, p. 75

Crème de chou-fleur au fromage bleu, p. 33

Crème de chou-fleur au fromage bleu, p. 110

Crème de cognac à l'estragon, p. 46

Crème de coriandre à l'ail, p. 53

Crème de duxelles, p. 49

Crème de fenouil et badiane, p. 20

Crème de foie gras à l'armagnac, p. 21

Crème de foie gras et huile de truffes, p. 82

Crème de maïs, p. 120

Crème de morilles et poivre long, p. 78

Crème de panais au bacon fumé, p. 42

Crème de panais et pomme verte, p. 125

Crème de poireau et estragon, p. 40

Crème de poireau et vin blanc, p. 37

Crème de portobello et balsamique, p. 129

Crème de roquefort, p. 23

Crème de roquette au fromage de chèvre, p. 129

Crème de saumon fumé à l'aneth citronnée, p. 132

Crème et curry, p. 58

Crème forestière, p. 62

Crème fouettée à l'aneth et au caviar, p. 44

Crémeux au champagne, p. 33

Crémeux au lait d'amandes, p. 17

Crémeux aux piments, p. 50

Crémeux de morilles, p. 47

E

Eau de concombre et framboises, p. 113

Émulsion de céleri et tomates, p. 109

Émulsion de lait aux bébés carottes, p. 106

Épaule d'agneau à la sauge, p. 16

F

Fine crème de shiitake, p. 75

Fond blanc de veau, p. 96

Fond blanc de volaille, p. 96

Fond brun de veau, p. 97

Fond brun de veau lié, p. 97

Fond d'agneau, p. 97

Fond d'agneau lié à l'harissa, p. 56

Fond de canard, p. 98

Fond de canard et gelée de canneberges, p. 56

Fond de gibier, p. 98

Fond de gibier et sauce caramélisée, p. 40

Fondue de beurre à l'ail et à la ciboulette, p. 38

Fricassée de champignons des bois, p. 34

Fumet de crustacés, p. 98

Fumet de poisson, p. 99

G

Gaspacho au piment d'espelette, p. 71

Gigot d'agneau aux herbes du jardin, p. 16

H

Huile d'olive parfumée au citron, p. 44

Huile d'olive parfumée aux herbes, p. 116

Huile d'orange aux herbes de Provence, p. 39

Huile de bacon, p. 46

Huile de homard, p. 117

Huile de menthe fraîche, p. 121

Huile de romarin et ail, p. 118

Huile de tomate, p. 126

Huile parfumée aux tomates cerise, p. 133

Huile tiède à la catalane, p. 51

J

Jus à la tapenade, p. 69

Jus court aux figues et aux amandes, p. 29

Jus court aux oignons, p. 123

Jus d'échalotes citronné, p. 35

Jus d'herbes torréfié, p. 37

Jus de bouillabaisse, p. 34

Jus de braisage de chou, p. 63

Jus de citron à l'érable et aux herbes, p. 67

Jus de citron persillé, p. 72

Jus de cuisson au persil et tomates rôties, p. 15

Jus de cuisson et canneberges, p. 29

Jus de fricassée, p. 57

Jus de gibier au parfum de romarin, p. 32

Jus de gibier et cerises à l'eau-de-vie, p. 45

Jus de persillade au whisky, p. 73

Jus de rouille, p. 55

Jus de tapenade, p. 124

Jus de thym à l'ail confit, p. 14

Jus de veau à l'orange, p. 77

Jus de veau à l'orange sanguine, p. 80

Jus de veau au cumin, p. 77

Jus de veau aux lardons fumés et olives, p. 81

Jus de veau citronné et échalotes caramélisées, p. 80

Jus de veau persillé, p. 78

Jus de viande à l'estragon, p. 54

Jus de viande au caramel d'agrumes, p. 31

Jus de viande au cheddar vieilli, p. 22

Jus de viande au miel, p. 122

Jus de viande aux épices et agrumes, p. 60

Jus de viande et griottes, p. 29

Jus de viande aux amandes et fruits secs, p. 81

Jus de viande et noisettes grillées, p. 58

Jus de viande et porto, p. 54

Jus de viande réduit et porto, p. 24

Jus lié au thym et vin blanc, p. 60

Jus vert de ciboulette, p. 111

L

Lait de panais, p. 54

Lait frappé aux bananes, p. 119

Lait mousseux aux petits pois, p. 127

Lait mousseux de champignons, p. 35

M

Marinade à l'écorce d'orange et cumin, p. 15

Marinade à l'estragon, p. 14

Marinade à la lime, p. 120

Marinade aigre-douce, p. 131

Marinade ananas et paprika, p. 77

Marinade cochonne, p. 61

Marinade d'herbes épicées, p. 37

Marinade de clémentine, p. 111

Marinade gingembre et citron vert, p. 52

Marinade pour longe, p. 63

Marinières et fumet (moules), p. 55

Mayonnaise, p. 92

Mayonnaise rosée épicée, p. 121

Mayonnaise à l'aneth, p. 36

Mayonnaise crémeuse à la moutarde à l'ancienne, p. 65

Mayonnaise légèrement aillée, p. 27

Minestrone au chorizo, p. 41

Mousseline dijonnaise, p. 24

N

Nage de fenouil, p. 43

P

Pesto d'asperges, p. 105

Pesto d'endive et noix de Grenoble, p. 115

Pesto de basilic, p. 106

Pesto de noix, p. 122

Pesto de noix de pin, p. 123

Pesto de pistaches, p. 44

Petit jus de civet aux raisins, p. 27

Pistou de roquette et tomates fraîches, p. 69

Pommes et calvados, p. 19

R

Ragoût d'agneau au curry, p. 15

Réduction à la bière, p. 49

Réduction de Banyuls, p. 59

Romarin et porto, p. 17

Roux blanc, p. 101

S

Sabayon champenois, p. 47

Salsa aux avocats, p. 105

Sauce à l'estragon, p. 17

Sauce à la crème et aux graines de moutarde, p. 76

Sauce à la provençale, p. 42

Sauce américaine, p. 86

Sauce au beurre d'orange, p. 124

Sauce au cidre et pommes au four, p. 39

Sauce au confit d'oranges, p. 121

Sauce au vin et baies de genièvre, p. 70

Sauce aux baies roses, p. 23

Sauce aux fines herbes, p. 115

Sauce aux olives, p. 31

Sauce aux pacanes et soya, p. 57

Sauce aux pommes, p. 128

Sauce aux raisins, p. 129

Sauce barbecue, p. 86

Sauce barbecue aigre-doux, p. 66

Sauce basquaise, p. 66

Sauce béarnaise, p. 93

Sauce béchamel, p. 87

Sauce Bercy, p. 87

Sauce blanche citron et herbe fraîche, p. 14

Sauce bolognaise, p. 87

Sauce bordelaise, p. 88

Sauce caramel aux petits fruits rouges, p. 30

Sauce chantilly, p. 114

Sauce charcutière, p. 88

Sauce chasseur, p. 88

Sauce citron rapide, p. 89

Sauce citronnée au yogourt, p. 74

Sauce civet aux notes de cacao, p. 32

Sauce cocktail, p. 93

Sauce créole, p. 106

Sauce curry, p. 93

Sauce de fêtes, p. 125

Sauce de gardianne, p. 72

Sauce dijonnaise, p. 94

Sauce dolce de leche, p. 120

Sauce en gelée, p. 113

Sauce escabèche, p. 70

Sauce express à la moutarde, p. 122

Sauce Grand veneur, p. 89

Sauce gribiche, p. 94

Sauce hollandaise, p. 94

Sauce madère, p. 89

Sauce miel et estragon, p. 76

Sauce mimosa, p. 123

Sauce Mornay, p. 90

Sauce moutarde et parmesan, p. 78

Sauce moutarde et porto, p. 81

Sauce moutarde-miel, p. 64

Sauce parmentière, p. 128

Sauce pesto, p. 90

Sauce pizza rapide, p. 130

Sauce poivrade, p. 90

Sauce pour satay, p. 112

Sauce ratatouille épicée, p. 40

Sauce ravigote, p. 91

Sauce rhubarbe et mangue, p. 45

Sauce rosée, p. 119

Sauce rosée aux oignons, p. 79

Sauce rouille, p. 95

Sauce sucrée-salée au sésame, p. 28

Sauce tapenade, p. 91

Sauce tartare, p. 95

Sauce terriyaki laquée, p. 131

Sauce tomate corsée et citronnée, p. 28

Sauce tomate cumin et coriandre, p. 68

Sauce tomate épicée et cornichons salés, p. 73

Sauce tomate épicée et gingembre, p. 67

Sauce tomate et basilic, p. 76

Sauce trempette aux épinards, p. 114

Sauce verte, p. 52

Sauce vinaigrette, p. 95

Sauce yogourt, menthe et gingembre, p. 135

Sirop à la gousse de vanille et figues fraîches, p. 56

V

Velouté de carottes émulsionnées, p. 118

Velouté de persil et paprika, p. 71

Velouté de petits choux, p. 110

Velouté façon blanquette, p. 108

Vinaigrette à l'érable, p. 132

Vinaigrette à la grecque, p. 112

Vinaigrette anchoïade, p. 104

Vinaigrette au bacon, p. 105

Vinaigrette au sésame grillé, p. 118

Vinaigrette au vinaigre de riz et mangue fraîche, p. 135

Vinaigrette aux framboises, p. 134

Vinaigrette aux fruits rouges, p. 116

Vinaigrette d'arachide, p. 108

Vinaigrette de noix, p. 117

Vinaigrette de pesto, p. 126

Vinaigrette de vinaigre de cidre, p. 134

Vinaigrette gaspacho, p. 133

Vinaigrette perlée au balsamique, p. 30

Vinaigrette santé au jus de légumes, p. 119

Vinaigrette tamari, p. 131

Vinaigrette tiède à l'aneth et amandes grillées, p. 72

Vinaigrette tiède au jus de viande et pulpe de framboises, p. 27

Vinaigrette tiède au xérès et câpres, p. 59

Vinaigrette tiède au xérès et ciboulette, p. 18

Lexique culinaire

Battre : Remuer fortement un produit ou une préparation à l'aide d'un fouet de cuisine.

Blanchir : Plonger un aliment dans l'eau bouillante pendant une courte période sans le cuire.

Ciseler : Tailler un aliment en morceaux fins.

Concasser : Hacher grossièrement.

Conserver : Mettre une préparation au frais.

Déglacer : Mouiller légèrement le fond d'une casserole avec de l'eau, du vin ou un autre liquide pour détacher les sucs provenant de la cuisson.

Dégraisser : Retirer la graisse à la surface d'une préparation.

Émincer : Couper un aliment en tranches minces.

Filtrer : Verser la préparation dans une passoire pour séparer les liquides et les solides.

Flamber : Verser un alcool sur l'aliment pour le flamber.

Hacher : Couper en petits ou gros morceaux un aliment à l'aide d'un hachoir ou d'un couteau.

Julienne : Légumes coupés en minces filaments.

Lier : Action d'épaissir une préparation à l'aide de beurre, de crème, ou divers fécules.

Monter : Augmenter le volume d'une préparation en la brassant vigoureusement à l'aide d'un fouet.

Mijoter : Faire cuire un aliment à douce ébullition.

Mixer : Action de broyer un produit ou préparation avec un batteur à mains, une mixette ou un robot culinaire.

Passer la sauce : Verser dans une passoire.

Pocher : Faire cuire un ingrédient dans un liquide à légère ébullition.